Kochbuch für Camper

100 Rezepte für den nächsten Roadtrip

DOMETIC

Inhalt

Von schwimmender Schokolade, Lagerfeuern und dem Drang nach Abenteuer

Bis heute wissen wir nicht genau, wie wir es damals geschafft haben, sechs Wochen lang in einem Wicked Camper durch die Hitze Westaustraliens zu fahren – und uns dabei nicht zu streiten. Der Wagen war nicht nur klein und eng, sondern hatte nicht einmal einen Kühlschrank. Nur eine einfache Kühlbox gehörte zur Ausstattung: Jeden zweiten Tag mussten wir einen Supermarkt ansteuern und neues Eis kaufen, um unsere Lebensmittel zu kühlen.

Das Eis schmolz rasend schnell, denn die Box war nicht wirklich isoliert und draußen herrschten Temperaturen von über 30 Grad. Den Deckel zu öffnen, bedeutete immer eine Überraschung. Nicht selten schwamm eine angebrochene Tafel Schokolade oder eine offene Packung Butter in der Box. Dafür fanden wir in Down Under neben beeindruckenden Landschaften, auch zahlreiche BBQ-Areas vor. Fast überall gibt es hier öffentliche Parks, in denen ein Grill neben dem anderen steht – ähnlich wie in Südafrika. So kam es, dass wir uns auf diesem Roadtrip öfters Steaks zubereiteten und dazu einen frischen Salat aßen. Simpel, aber lecker.

Es war unser erster gemeinsamer Roadtrip und sollte ganz sicher nicht unser letzter bleiben: Direkt im Anschluss erkundeten wir Neuseelands Südinsel – in einem richtigen Camper mit Toilette, Dusche und kleiner Küchenzeile. Es ging mit einem Defender samt Dachzelt durch Costa Rica, mit einem Wohnmobil entlang der Great Ocean Road, mit einem Toyota Hilux durch Namibia und mit einem kleinen Van durch Tasmanien. Wir kamen sogar nochmals zurück an den Ort, wo unser erster Roadtrip endete: in den Kakadu Nationalpark, dem größten Nationalpark Australiens. Diesmal waren wir jedoch mit einem Land Cruiser unterwegs, der nicht nur offroad-tauglich, sondern auch mit einem guten Kühlschrank ausgestattet war. Mal kochten wir direkt über dem Feuer, mal zauberten wir uns was Köstliches mit dem Gaskocher.

Es dauerte nicht lang, bis wir unseren ersten eigenen Camper hatten: Wir kauften einen Jeep Wrangler und bauten diesen Schritt für

Schritt um. Ausgestattet mit einer cleveren Küchenbox inklusive Zweiflammenkocher, war selbst in diesem kleinen Fahrzeug kulinarisch einiges möglich. Wir tauften ihn Bruce und erlebten ein paar unvergessliche Offroad-Touren mit ihm, darunter in den Westalpen. Dann kam unser Hund Finley zu uns und mit ihm wurde Bruce zu klein. Es folgte Spencer, ein stattlicher Sprinter, den wir als gebrauchten Transporter erwarben und ebenfalls in einen Camper umwandelten. In einen Camper mit Küchenzeile und 3-Flammen-Gasherd. Nicht nur das: Spencer verfügt über einen Kühlschrank und eine zweite Kühlbox, die wir als Eisfach und zum Kühlen von Finleys Futter nutzen.

Wenn wir heute an unseren ersten Roadtrip durch Westaustralien denken, müssen wir lachen und mit dem Kopf schütteln. Dennoch blicken wir mit einer unbeschreiblichen Sehnsucht zurück und wollen diese Erfahrung nicht missen, war sie doch der Start einer wunderbaren Reise: eine Reise durch zahlreiche Länder und gegensätzliche Kontinente, eine Reise in wechselnden Autos und mit den unterschiedlichsten Kochmöglichkeiten. Und eine Reise, die noch lange nicht zu Ende ist. Denn auch bei Spencer wird es nicht bleiben. Unser Drang nach Abenteuer ist zu groß, und unser Sprinter zu groß fürs Abenteuer. Wir möchten wieder einen kleineren Wagen, wieder mehr draußen sein und mehr über dem Feuer kochen. Einen Wagen wie damals, als wir durch Australien gereist

sind und uns der Weg ein zweites Mal ins Northern Territory führte. Campen ist etwas Einfaches, etwas Unbeschwertes. Campen bedeutet, sich auf das Wesentliche zu konzentrieren. Man reduziert sich und bereichert sich gleichzeitig um ein Vielfaches. Und genauso unkompliziert wie das Campen selbst, sollte auch das Kochen beim Campen sein. Denn dazu braucht es keine drei Flammen. Das haben unsere vielen Roadtrips bewiesen, und genau das zeigt auch unser Kochbuch. Die Campingküche ist so flexibel und einfach, wie der Camper selbst: Ob über dem Feuer, mit Gaskocher oder drinnen am Herd, die meisten Gerichte lassen sich nahezu überall zubereiten.

» Die Campingküche ist so flexibel und einfach, wie der Camper selbst: Ob über dem Feuer, mit Gaskocher oder drinnen am Herd, die meisten Gerichte lassen sich nahezu überall zubereiten. «

Alles, was es braucht, ist Freude am Kochen – und manchmal ein wenig Kreativität. Müsli zum Frühstück und Nudeln mit Tomatensoße am Abend sind zwar schnell zubereitet und machen satt, aber genauso fix gezaubert sind Avocado Toasts und vegetarische Lagerfeuer-Nachos. Oder wie wäre es mit Ziegenkäse im Walnuss-Rosmarin-Honig-Mantel? Wir zeigen Gerichte, bei denen nicht nur beim Lesen des Rezeptnamens das Wasser im Mund zusammenläuft, sondern die auch mit jedem Bissen für eine wahre Geschmacksexplosion sorgen. Manche sind etwas ausgefallener, die meisten aber lassen sich mit einfachen Zutaten zubereiten. Egal, ob morgens, mittags oder abends, egal, ob salzig, süß oder beides, in diesem Kochbuch wird jeder Camper fündig!

Über die Autoren

Line Dubois und Sebastian Canaves sind Abenteurer durch und durch: Gemeinsam haben sie schon unzählige Abenteuer auf der ganzen Welt erlebt – sind in Botswana neben Giraffen in den Sonnenuntergang galoppiert, in Neuseeland aus dem Flugzeug gesprungen und haben in Kanada Orcas vom Kajak aus beobachtet. All ihre Erlebnisse halten sie auf ihrem Abenteuer-Reiseblog Off The Path fest und begeistern mit ihren Texten und Bildern mehrere Millionen Menschen.

Neben reisen, stehen die beiden unheimlich gerne in der Küche oder vorm Grill und präsentieren auf Foodgasm.de die leckersten Rezepte aus der ganzen Welt. Dabei sind ihnen zwei Dinge besonders wichtig: dass die Gerichte leicht nachzukochen sind und dass sie für eine wahre Geschmacksexplosion sorgen.

Am liebsten bereiten Line und Sebastian ihr Essen jedoch draußen zu und sind mit dem Camper unterwegs. Auf ihren zahlreichen Roadtrips durch Europa, Australien, Costa Rica und das südliche Afrika haben sie immer mehr Rezepte gesammelt, die sich mit wenigen Zutaten auf einem Gaskocher oder überm Feuer zaubern lassen. Genau diese Rezepte teilen sie in diesem Kochbuch und inspirieren zwischendrin mit tollen Geschichten und Bildern dazu, die Welt selbst kulinarisch mit dem Camper zu entdecken.

Also nichts wie los: Folge den beiden auf ihren Abenteuern!

off-the-path.com

Off The Path

@offthepath

@offthepathcom

@offthepathcom

Sebastian Canaves

Wenn mehr zu Chaos und Gewichtsproblemen führt

Umso größer der Camper, umso mehr ist man geneigt einzupacken. Aber müssen es wirklich mehrere Töpfe und Pfannen sein? Reicht nicht ein Becher und warum müssen zusätzliche Weingläser mit? Kann man statt des Wasserkochers nicht einfach einen Topf verwenden? Und wozu genau ist der kleine Teller da?

Es ist nicht nur eine Gewichts- und Platzfrage, sondern auch eine Frage der Ordnung: Desto mehr dabei ist, desto schneller herrscht Chaos – und desto mehr muss man abspülen. Wir haben mit der Zeit gelernt, welche Kochutensilien auf einem Roadtrip wirklich wichtig sind und worauf bei der Wahl des Materials zu achten ist.

So cool Emailletassen aussehen, wird der Kaffee, Tee, Glühwein oder die heiße Schokolade darin schnell kalt. Viel besser sind Becher aus isoliertem Edelstahl, denn diese halten Getränke sowohl lange kalt als auch warm, ohne das man sich selbst die Finger beim Festhalten verbrennt. Generell ist Edelstahl super praktisch beim Campen: Es geht nicht kaputt, ist leicht, rostet nicht, lässt sich einfach reinigen und nimmt weder Gerüche noch Farbe an.

Um zusätzlich Platz und Gewicht zu sparen, wurden faltbare Becher, Schüsseln, Töpfe und Pfannen erfunden: Während die Ränder aus Kunststoff sind, besteht der Boden aus Aluminium. Diese sind auch als Set in verschiedenen Größen erhältlich und lassen sich sogar ineinander zusammenfalten. Selbst Nudelsiebe oder Kaffeefilter dieser Art gibt es.

Auch Koch-Sets bestehend aus einer Reibe, einem scharfen Messer, Kochlöffel, -gabel und Pfannenwender werden angeboten. Dazu das passende Schneidebrett, und die Ausstattung ist komplett. Und beim Besteck setzen wir mittlerweile auf ultraleichte Sets aus Edelstahl oder gar Titan. Es geht aber noch leichter: Die Spork ist Löffel und Gabel in einem – und für alle Platzsparer gibt es sie sogar zusammenklappbar.

Und damit Teller, Gabeln und Co. selbst auf den holprigsten Wegen nicht klappernd umherfliegen, verstaust du sie am besten in Behältern oder Schubladen, die mit Schaumstoff oder dünnen Gummimatten ausgelegt sind. Diese sind leicht und lassen sich problemlos zuschneiden.

Zum Genießen	Besteck Große Teller	Müslischalen Becher (mit Deckel)
Zum Schnippeln, Rühren und Co.	Multitool/Taschenmesser Scharfes Messer Schneidebrett Messbecher Rührschüssel Nudelsieb Reibe Pfannenwender	Grillzange Brotmesser Sparschäler Schere Kochlöffel Schneebesen Schöpf-/Schaumkelle
Für den Campingkocher oder Herd	Topf mit Deckel Pfanne (mit Deckel) Zweite Pfanne Zweiter Topf	Omnia (zum Backen) Faltbarer Toaster Topfuntersetzer/-lappen
Fürs Feuer	Feuerzeug/Streichhölzer Anzünder Holz Grillrost	Dutch Oven Gusseisen-Pfanne & -Topf Feuerhandschuhe
Fürs Saubermachen, Aufbewahren & Co.	Alufolie Backpapier Waxtücher/Frischhaltefolie Küchenpapier Geschirrhandtuch Lappen/Mikrofasertuch Spülschwamm Biologisch abbaubares Spülmittel	Müllbeutel Zipperbeutel Verschließbare Aufbewahrungsbehälter Gummibänder/Verschlussklammern Faltbare Abwasch-Wanne
Für alle, die Platz haben	Akku-Mixer	Waage
Für Kaffeeliebhaber	X-Brew Coffee Dripper (von Sea to Summit) Classic Pour Over Coffee Filter (von Stanley) Bialetti French Press	Nanopress Perkomax (von Petromax) Dripster (für Cold Brew Coffee) AeroPress* ROK Espressomaschine* Belmann Milchaufschäumer*

Was hat es mit der Farbe und den Sternchen auf sich?

Ockerfarbene Gegenstände sind Vorschläge und nicht alle zwingend notwendig. So kann statt eines Schneebesens z.B. eine Gabel genommen werden. Das mit Sternchen markierte Kaffeezubehör ist das, was wir dabei haben.

Warum wir mehr Gewürze als Schuhe dabei haben

Was macht eigentlich ein leckeres Gericht aus? Die Antwort ist einfach: frische Zutaten – und Gewürze! Wir reisen längst nicht mehr nur mit Salz und Pfeffer, sondern haben in unserem Camper jede Menge Gewürze dabei.

Statt diese in ihrer üblichen Verpackung mitzunehmen, füllen wir sie in TicTac-ähnliche Dosen um und sparen so Platz und Gewicht. Genauso praktisch zur Aufbewahrung sind Reagenzgläser und durchsichtige Petlinge aus dem Geocaching, oder kleine Zipperbeutel. Alternativ werden magnetische Dosen angeboten, die sich mithilfe einer Metallplatte oder -leiste beliebig im Camper befestigen lassen.

Da wir gerne in abgelegenen Gegenden unterwegs sind, kaufen wir direkt für mehrere Tage ein. Hierfür lohnt es sich, einen Essensplan zu erstellen und Lebensmittel zu besorgen, die für mehrere Gerichte genutzt werden können. So sparst du außerdem Geld, verwertest Reste und schmeißt weniger weg. In unserem Kochbuch findest du deshalb Hinweise, welche anderen Rezepte ähnliche Zutaten verwenden. Oder du wirfst dafür einfach einen Blick in unser Register.

Bei der Wahl der Zutaten achten wir auf regionale und saisonale Produkte und kaufen größtenteils in Bio-Qualität ein. Oftmals lohnt sich ein Besuch auf lokalen Märkten: Hier sind die Lebensmittel frisch und meistens günstiger als im Supermarkt. Außerdem findest du vielerorts Spezialitäten und entdeckst ein Land so kulinarisch neu. Insbesondere exotische Früchte reihen sich hier nebeneinander auf.

Achte bei Zitrusfrüchten unbedingt darauf, dass sie unbehandelt sind. So kann auch die Schale verwendet werden. Generell ist die Reife bei Früchten ausschlaggebend: Wenn du sie bald verwerten möchtest, dann wähle reife Früchte aus. Ansonsten lohnt es sich, unreife zu nehmen: Sie halten sich länger im Camper und bis du sie essen möchtest, sind sie gereift.

Ein kühler, dunkler Ort eignet sich perfekt für die Lagerung. Dabei sollten Obst und Gemüse so verstaut werden, dass sie nicht hin

Einkaufen wie ein Profi
Fremde Supermärkte überfordern schnell und das Einkaufen dauert eine Ewigkeit. Sortiere deinen Einkaufszettel einfach nach Abteilung und schon rennst du nicht mehr im Zickzackkurs durch die Gänge.

und her rollen. Denn Dellen fangen bald an zu schimmeln. Zudem sorgen Bananen dafür, dass anderes Obst schneller reift. Lagere die gelben Früchte daher besser separat.

Für noch mehr Geschmack setzen wir übrigens auf Meersalz und auf frisch gemahlenen Pfeffer, genauso wie auf hochwertiges natives Olivenöl. Das ist für Salatdressings unabdingbar. Ebenfalls nicht fehlen dürfen Weißweinessig, flüssiger Blütenhonig und mittelscharfer Dijon-Senf. Außerdem haben wir für Dressings, zum Frittieren oder Backen, immer ein geschmacksneutrales Öl, wie Sonnenblumen- oder Rapsöl, dabei.

Apropos Fett: Neben Vollmilch kommt bei uns Doppelrahmkäse und griechischer Joghurt mit 10% Fett in den Einkaufswagen. Außer es ist im jeweiligen Rezept anders vermerkt, greifen wir zudem zu Eiern in Größe M. Auch wenn viele es gerne so handhaben, sollten Eier übrigens nicht sofort nach dem Kauf im Kühlschrank gelagert werden, sondern wirklich erst ab dem auf der Packung gestempelten Datum.

www.britz.com.au
Britz

Und wusstest du, dass es neben der normalen krausen Petersilie auch glatte gibt? Genau diese glatte Petersilie verwenden wir am liebsten zum Kochen, Würzen und Garnieren unserer Gerichte. Außerdem sind Chilischoten bei uns rot, und bei Weißwein setzen wir am liebsten auf einen trockenen Riesling. Übrigens lassen sich einige unserer Rezepte auch vegetarisch oder vegan gestalten: Lass den Speck einfach weg und ersetze das Rinderhack durch Sojahack und die Butter und den Käse durch vegane Alternativen – schon genießt du viele unserer Gerichte ohne Fleisch.

Für alles, was gekühlt werden muss, ist ein guter Kühlschrank oder eine Kühlbox essentiell. Solltest du gerade dabei sein deinen Camper selbst umzubauen oder ausbauen zu lassen, lohnt es sich das Gerät eine Nummer größer zu wählen. Preislich macht das verhältnismäßig keinen großen Unterschied, denn das Teure ist der Kompressor. Wir bevorzugen tragbare Kühlboxen: Durch die Stapeltechnik passt hier im Vergleich mehr rein. Außerdem kannst du sie aus deinem Camper raus- und zum Beispiel mit ans Ufer oder Lagerfeuer nehmen. Viele Modelle sind robust und eignen sich sogar als Sitzmöglichkeit.

Denn neben frischen Zutaten und Gewürzen gibt es noch eine Geheimzutat, die jedes Gericht gleich noch besser macht: die Natur. Also setz dich mit deinem Essen raus, genieß die Aussicht und den Blick ins Grüne, hör den Vögeln, den Wellen oder dem Wind in den Blättern zu, und lass es dir schmecken!

Diese ungekühlten Lebensmittel haben wir standardmäßig dabei

Gewürze	Pfeffer	Cayennepfeffer
	Oregano	Zwiebelpulver
	Rosmarin	Knoblauchpulver
	Thymian	Tandoori-Masala-Gewürzmischung
	Chiliflocken	Sambal Olek
	Paprikapulver	Vanilleextrakt
	Kreuzkümmel	Kardamom
	Gemüsebrühe	Nelken
	Rinderbrühe	Sternanis
	Zimt	Zimtstangen
	Lorbeerblätter	Geflügelbrühe
	Muskat	
Öl, Essig & Flüssiges	Honig	Ahornsirup
	Senf	Agavendicksaft
	Olivenöl	Dattelessig
	Geschmacksneutrales Öl	Sojasoße
	Weißweinessig/Weißer Balsamicoessig	Wasabi
	Dunkler Balsamicoessig	Kokosfett/Kokosöl
	Rotweinessig	Butterschmalz

Vorrat	Salz	Bage
	Zucker	Schwarzbrot
	Eier	Knäckebrot
	Brot	Wraps
	Mehl	Nachos
	Nudeln	Mais
	Reis	Pesto
	Tomatenmark	Getrocknete Tomaten
	Dosentomaten	Kidneybohnen
	Passierte Tomaten	Kokosmilch
	Brauner Zucker	Jalapeños (im Glas)
	Schokolade	Oliven
	Haferflocken	Kapern
	Bulgur	Sriracha
	Dinkel	Chilisoße
	Semmelbrösel / Paniermehl	BBQ-Soße
	Backpulver	
Gemüse & Obst	Knoblauch	Mango
	Zwiebeln	Melone
	Schalotten	Gurke
	Frühlingszwiebeln	Paprika
	Kartoffeln	Auberginen
	Zitronen	Champignons
	Limetten	Lauch
	Avocado	(Knollen-) Sellerie
	(Kirsch-) Tomaten	Ingwer
	Äpfel	Chilischoten
	Birnen	Jalapeños
	Bananen	Kräuter
	Beeren	Salat
Getränke	(Sprudel-) Wasser	Bier
	Tee	Weiß- & Rotwein
	Kaffee	Whisky
	Apfelsaft	Vodka

Was ist mit den ockerfarbenen Lebensmitteln?

Schwarzes kommt immer mit. Je nach Größe des Campers, Länge und Region der Tour, und je nachdem worauf wir Lust haben, nehmen wir auch die ockerfarbenen Lebensmittel mit oder kaufen sie vor Ort ein.

Frühstück

Warum Australien unsere Frühstücksgewohnheiten auf den Kopf gestellt hat

Unser erster gemeinsamer Roadtrip führte uns entlang der Westküste Australiens, einmal von Perth runter nach Albany und anschließend den gesamten Weg hoch über Exmouth bis nach Darwin. Rund 6.000 Kilometer haben wir in sechs Wochen zurückgelegt und das in einem Wicked Camper ohne Kühlschrank.

Auch wenn wir bis heute nicht wissen, wie wir das in der Hitze Australiens ausgehalten haben ohne uns zu streiten, sollte es nicht unsere letzte Reise durch Down Under bleiben. Es folgten ein Roadtrip entlang der Great Ocean Road, eine Rundreise durch Tasmanien und eine Offroad-Tour durch den Kakadu Nationalpark, dem größten Nationalpark des Kontinents. Diesmal jedoch in größeren und vor allem besser ausgestatteten Fahrzeugen.

Neben zahlreichen Abenteuern, beeindruckenden Landschaften und unvergesslichen Tierbegegnungen, sind uns der leckere Kaffee und das geniale Frühstück in Erinnerung geblieben. Selbst in einem kleinen Ort wie Halls Gap mitten in den Grampians haben wir uns vor unserer Mehrtagestour im Livefast Cafe die Bäuche mit Flat White, pochierten Eiern auf Sauerteigbrot und Smashed Avo vollgehauen. Zwar waren wir am selben Abend schon wieder zurück von unserer Wanderung, aber das ist eine Geschichte für ein ganz anderes Buch.

Egal durch welchen Ort wir gefahren sind, egal wie abgelegen und im Nirgendwo, irgendwo gab es immer einen guten Kaffee. Und so haben wir uns nicht nur in die unendlich wilde Weite des Outbacks verliebt, sondern auch in die australische Kaffeekultur.

Seither gibt es bei uns nicht nur jeden Morgen einen leckeren Flat White, sondern auch regelmäßig pochierte Eier zum Frühstück, mal mit Avocado, mal als Eggs Benedict. Während bei uns zu Hause eine Siebträgermaschine steht, zaubern wir uns im Camper mithilfe der ROK Espressomaschine und dem Bellman Milchschäumer den perfekten Flat White – und das ganz ohne Strom.

Wie alles beim Campen, läuft auch der Start in den Tag langsamer ab. Nachdem wir von unserer kleinen Erkundungstour mit Finley zurück sind, setzen wir als Erstes Wasser auf. Während es langsam anfängt zu köcheln, greifen wir zu unserer Handkaffeemühle: Für uns ist es wie Meditation, unsere Bohnen jeden Morgen frisch von Hand zu mahlen. Bei zwei Tassen dauert das auch ein paar Minütchen, in denen wir unseren Blick gedankenlos in die Ferne schweifen lassen.

Eines der Geheimnisse eines guten Kaffees ist nämlich seine Frische: Kaffee verliert bereits 60 Prozent seines Aromas nur 15 Minuten nachdem er gemahlen wurde. Daneben spielen noch weitere Faktoren eine wichtige Rolle, aber immerhin dieser doch so wichtige Faktor lässt sich unterwegs leicht kontrollieren.

» Egal durch welchen Ort wir gefahren sind, egal wie abgelegen und im Nirgendwo, irgendwo gab es immer einen guten Kaffee. Und so haben wir uns nicht nur in die unendlich wilde Weite des Outbacks verliebt, sondern auch in die australische Kaffeekultur. «

Ab und zu darf es bei uns übrigens auch ein Kaffee aus der AeroPress sein, die wir ebenfalls auf jedem Roadtrip dabei haben. Zwar ähnelt dieser mehr einem Filterkaffee, doch mit dem Prismo-Adapter bekommen wir sogar eine leichte Crema hin. Und an heißen Tagen bereiten wir uns als Erfrischung gerne Cold Brew Coffee zu. Im Unterschied zu heiß gebrühtem Kaffee schmeckt dieser milder, da er bis zu 70 Prozent weniger Bitterstoffe und Säure besitzt.

Eine weitere Zubereitungsmethode wollen wir nicht unerwähnt lassen, hat sie doch in nahezu jedem Camper ihr Plätzchen: die Bialetti. Die beliebte Mokkakanne brüht in wenigen Minuten einen starken, kräftigen Kaffee. Genaugenommen handelt es sich dabei nicht um Espresso. Mittlerweile gibt es jedoch unzählige Ausführungen der italienischen Ikone, von der die Bialetti Brikka sogar eine Art Espresso mit Crema zaubern können soll.

Egal ob aus der Bialetti oder mit der Hand gepresst, gibt es einen schöneren Start in den Tag als mit einer heißen Tasse Kaffee vor der Nase draußen eingemummelt in einem Campingstuhl zu sitzen?

FOLLOW US
OFFTHEPATH
BFGoodrich

Bircher Müsli

Nicht immer hat man beim Campen morgens viel Zeit, um ein geniales Frühstück zu zaubern. Statt den nächsten Bäcker anzusteuern, kannst du dich einfach am Vorabend um dein Frühstück kümmern und ein leckeres Bircher Müsli zubereiten. Die Zutaten bekommst du überall, und die Zubereitung ist kinderleicht. Während die Äpfel für saftige Fische sorgen, geben die Nüsse dem Müsli den nötigen Biss.

Zubereitungsart
-

Kochutensilien
Frischhaltebehälter

Zubereitungszeit
10 Minuten

Menge
2 Portionen

Zutaten

200–250 ml Milch
50–100 g Nussmix
4 EL zarte Haferflocken
1 mehlig-süßer Apfel
1 Zitrone
2 EL Honig

Zubereitung am Vorabend (12 Stunden Ziehzeit)

1. Vermenge die Haferflocken in einem Frischhaltebehälter mit der Milch. Verwende zunächst 200 ml Milch. Die Flocken sollten sich leicht umrühren lassen und falls nicht, fügst du weitere Milch hinzu.
2. Halbiere die Zitrone und presse den Saft einer Hälfte aus. Füge diesen zur Milch-Flocken-Mischung hinzu. Die andere Zitronenhälfte benötigst du am nächsten Morgen für den Apfel.
3. Lasse die Haferflocken nun über Nacht im Kühlschrank oder an einem kalten Ort ziehen.

Zubereitung am Morgen

1. Hole deine Flocken aus dem Kühlschrank. Sollte die Konsistenz zu dick sein, kannst du noch 1–2 EL Milch unterrühren.
2. Hacke die Nüsse und gebe sie zu den Flocken. Bewahre eine kleine Menge als Topping auf.
3. Presse die andere Zitronenhälfte aus und gieße den Saft in eine Schüssel.
4. Reibe nun den Apfel in die Schüssel mit dem Zitronensaft und rühre alles um.
5. Nun vermengst du den Apfel mit den Flocken. Serviere dein Bircher Müsli in einer Schüssel oder in einem Glas, toppe es mit den restlichen Nüssen und nach Belieben mit Honig – guten Appetit!

Kokos-Chiapudding

Ähnlich wie Bircher Müsli, bereitest du Chiapudding bereits am Vorabend zu und hast somit am nächsten Morgen ein gesundes und schnelles Frühstück gezaubert. Das Tolle an Chiapudding ist außerdem, dass du ihn ganz nach deinem Geschmack toppen und dich so nach dem Angebot im örtlichen Supermarkt richten kannst. Oder du verwendest einfach das, was dein Camper hergibt.

Zubereitungsart	Kochutensilien	Zubereitungszeit	Menge
-	Schüssel	5 Minuten	2 Portionen

Zutaten

1 Dose Kokosmilch

4 EL Chiasamen

Fürs Topping

Beeren

Mango

Banane

Trockenfrüchte

Kokoschips

Nüsse

Honig

Ahornsirup

Mandel- / Erdnussmus

Zubereitung am Vorabend (12 Stunden Quellzeit)

1. Vermische die Chiasamen mit der Kokosmilch und achte darauf, dass sich keine Klumpen bilden. Teile den Chiapudding nun auf zwei Gläser oder Schüsseln auf und lasse ihn mindestens 1 Stunde, besser aber über Nacht an einem kühlen Ort quellen.

Zubereitung am Morgen

1. Wasche oder schäle die Früchte, und schneide sie klein.
2. Verteile das Obst gleichmäßig auf dem Chiapudding, streue auch ein paar Kokoschips drüber. Wenn du es süßer magst, kannst du den Chiapudding noch mit Honig oder Ahornsirup süßen.

Für noch mehr Energie, streust du ein paar Nüsse drüber oder gibst einen ordentlichen Klecks Mandel- oder Erdnussmus drauf.

Tipp

Statt Kokosmilch kannst du auch jegliche andere Pflanzenmilch verwenden. Kokosmilch verleiht den eher geschmacklosen Chiasamen jedoch das gewisse Extra.

Nuss-Porridge mit Apfel und Zimt

Warmer Haferbrei schmeckt am Morgen nicht nur lecker, sondern hält auch lange satt. Insbesondere wenn du ein Abenteuer planst, die nächste Stadt entdecken möchtest oder eine lange Fahrt vor dir hast – Porridge ist das ideale Camper-Frühstück. Statt auf fertiges Porridge zurückzugreifen, kannst du es schnell und einfach selber zubereiten und das ganz nach deinem Geschmack.

Zubereitungsart Herd

Kochutensilien Topf

Zubereitungszeit 20 Minuten

Menge 2 Portionen

Zutaten

500 ml Milch

100 g zarte Haferflocken

50 g gemahlene Nüsse (z.B. Haselnüsse/Mandeln)

1 Apfel

Zimt

ggf. Vanille (Mühle/Extrakt)

Fürs Topping

Nüsse

Obst

Honig

Zubereitung

1. Gieße die Milch in einen Topf und füge die Haferflocken sowie die gemahlenen Nüsse hinzu. Wenn du es magst, kannst du auch etwas Vanille hinzugeben.

2. Lasse die Milch vorsichtig kurz aufkochen und das Porridge anschließend für 10–15 Minuten bei niedriger Hitze köcheln bzw. quellen.

3. Reibe den Apfel in der Zwischenzeit klein.

4. Sobald das Porridge fertig ist, mischst du den Apfel unter. Lasse ein wenig übrig, und serviere das Porridge in einer Schüssel. Streue nach Geschmack Zimt und die restlichen Apfelraspel drüber.

5. Du kannst dein Porridge zudem auch mit Beeren, Birne, Banane oder Walnüssen toppen. Auch Granatapfelkerne schmecken super dazu. Wenn du es etwas süßer magst, beträufle dein Porridge mit etwas Honig.

Fluffige Blaubeer-Bananen-Pancakes

Egal, ob zu Hause oder auf Reisen, Pancakes schmecken immer und überall. Zudem bekommst du die Zutaten in jedem Supermarkt, und sie sind schnell gemacht. Und sein wir doch einmal ehrlich: Wem läuft beim Anblick gestapelter Pancakes nicht sofort das Wasser im Mund zusammen? Dabei entscheidest du selbst, womit du deine Pancakes toppst – wir lieben sie mit Ahornsirup!

Zubereitungsart	Kochutensilien	Zubereitungszeit	Menge
Herd & Feuer	Pfanne & Schüssel	30 Minuten	2 Portionen

Zutaten

230 ml Milch
125 g Mehl
100 g Blaubeeren
1 reife Banane
1 Ei
2 EL Zucker
1 TL Backpulver
Prise Salz
Butter

Dazu schmeckt

Ahornsirup
Marmelade
Honig

Zubereitung

1. Mixe Mehl, Milch, Zucker, Backpulver, Salz und Ei zusammen in einer Schüssel und verrühre die Zutaten mithilfe eines Schneebesens oder einer Gabel zu einem mehr festen als flüssigen Teig.

2. Schäle anschließend die Banane und schneide sie in Scheiben. Wasche außerdem die Blaubeeren und trockne sie mit einem Küchentuch ab.

3. Bringe 1 EL Butter in einer Pfanne zum Schmelzen. Gib nun eine Kelle bzw. rund 3 EL des Teigs in die Mitte der Pfanne und lege ein paar Scheiben Banane sowie ein paar Blaubeeren auf den Pancake. Warte ein bisschen bis der Teig Blasen schlägt und die Seiten braun werden. Erst dann nutzt du einen Pfannenwender, um den Pancake zu wenden. Jede Seite sollte je nach Pfannentemperatur 2-3 Minuten gebraten werden.

4. Wiederhole dies, bis dein gesamter Teig verwendet wurde. Denke daran, jedes Mal 1 EL Butter zu verwenden.

5. Staple deine Pancakes und serviere sie mit Ahornsirup, Marmelade oder Honig – yum!

Explodiertes French Toast mit Blaubeeren

Dieses Rezept liest sich nicht nur köstlich, sondern schmeckt auch so. Und es ist das ideale Lagerfeuer-Frühstück für alle, die gerne gemütlich in den Tag starten. Auch wenn sich das explodierte Blaubeer-French-Toast nach einem Meisterwerk der Campingküche anhört, ist es schnell und leicht gemacht: Alle Zutaten kommen gemixt in einem Päckchen aus Alufolie in die Glut – easy!

Zubereitungsart
Feuer

Kochutensilien
Schüssel & Alufolie

Zubereitungszeit
15 Minuten

Menge
2 Portionen

Zutaten

8 Scheiben Weiß-/Toastbrot
120 ml Milch
120 ml Schlagsahne
60 ml saure Sahne
4 Eier
Handvoll Blaubeeren
100 g Zucker
¼ TL Zimt
½ TL Vanille

Dazu schmeckt

Ahornsirup

Zubereitung

1. Mixe die Milch, die Schlag- und saure Sahne, die Eier, den Zucker sowie Zimt und Vanille in einer Schüssel zusammen.

2. Schneide das Brot in mundgerechte Stücke und wasche die Blaubeeren. Gib beides in die Schüssel und achte darauf, dass alle Brotstücke voll eingetunkt sind.

3. Teile die Mischung nun auf 2 Alufolie-Päckchen auf, verschließe diese gut und lege sie auf den Grillrost oder direkt in die heiße Kohle. Nach 5–10 Minuten sollte dein explodiertes Blaubeer-French-Toast fertig sein!

Klassisches French Toast

Wem das explodierte Blaubeer-French-Toast eine zu große Sauerei ist, oder wer kein Feuer machen kann, für den haben wir ein klassisches Rezept. Auch wenn das Original mit fluffigem Brioche zubereitet wird, eignet sich das Gericht perfekt dafür altes Weiß- oder Toastbrot zu verwerten. Geil schmeckt zum French Toast übrigens auch die Kombi aus Bananen, Speck und Ahornsirup!

Zubereitungsart
Herd & Feuer

Kochutensilien
Pfanne/Dutch Oven

Zubereitungszeit
15 Minuten

Menge
2 Portionen

Zutaten

4–6 Scheiben Brot
250 ml Milch
4 Eier
Handvoll Beeren (z.B. Erd- & Blaubeeren)
2 TL Vanilleextrakt
1 EL Butter

Dazu schmeckt

Puderzucker
Ahornsirup

Topping-Alternative

Bananen & Speckstreifen

Zubereitung

1. Mische Milch, Eier und Vanilleextrakt in einer Schüssel.
2. Schneide optional die Rinde von deinen Brotscheiben ab. Tunke die Brotscheiben in deinen Milch-Eier-Mix und lasse sie für ein paar Minuten ziehen. Achte darauf, dass das Brot von allen Seiten mit dem Mix bedeckt ist.
3. Erhitze die Butter in einer Pfanne und brate die Brotscheiben einzeln von beiden Seiten für jeweils ca. 2 Minuten an.
4. Staple deine French Toasts anschließend und garniere sie mit Beeren. Für noch mehr Süße und Augenschmaus, verteilst du einfach Puderzucker und Ahornsirup drüber!

French Lover?
Wenn du von diesem Gericht nicht genug bekommst, schau dir unsere French Toast Sticks mit Apfelmus und Zimt auf S. 226 an!

Peanut Butter Jelly Sandwich

Die einen lieben sie, die anderen können sich den Geschmack überhaupt nicht vorstellen oder finden ihn schlichtweg zu süß. In den USA ist die Kombination aus Erdnussbutter und Marmelade ein legitimer Brotaufstrich und sehr beliebt – und auch auf unseren Roadtrips gibt es ab und zu ein Peanut Butter Jelly Sandwich zum Frühstück oder als energiereichen Snack zwischendurch.

Zubereitungsart Herd & Feuer

Kochutensilien Pfanne/Grillrost

Zubereitungszeit 5 Minuten

Menge 2 Portionen

Zutaten

4 Scheiben Toast-/Brioche-Brot

2 EL Butter

Erdnussbutter

Marmelade

Zubereitung

1. Bestreiche die Brotscheiben jeweils auf einer Seite mit Butter und toaste sie anschließend in der Pfanne oder auf dem Grill.
2. Bestreiche die andere Seite nun jeweils großzügig mit Erdnussbutter und deiner Lieblingsmarmelade (wir mögen am liebsten Erdbeere). Klappe die Brotscheiben nun zusammen – fertig ist die süße Kalorienbombe!

Avocado Toast

In australischen und neuseeländischen Cafés stehen sie auf nahezu jeder Karte, und auch wir haben sie das erste Mal auf einem Roadtrip entlang der Westküste Down Unders probiert: Avocado Toasts! Mittlerweile sind die Brote mit Avocadocreme überall im Trend und eignen sich perfekt zum Campen, denn: Sie sind im Nu fertig gezaubert, und du kannst sie nach Belieben belegen.

Zubereitungsart	Kochutensilien	Zubereitungszeit	Menge
-	-	5 Minuten	2 Portionen

Zutaten

2 Scheiben Sauerteigbrot

1 Avocado

1 Limette

Salz & Pfeffer

Dazu schmeckt

Olivenöl

Pochierte Eier & Chiliflocken

Tomaten & Balsamico-Creme

Rote Zwiebeln

Sesam

Feta

Speckstreifen

Zubereitung

1. Halbiere die Avocado, entkerne sie und hole das Fruchtfleisch mit einem Löffel raus. Zerkleinere es mit einer Gabel, bis die Avocado eine cremige Konsistenz bekommt. Nun kannst du sie nach Geschmack mit etwas Limettensaft, Salz und Pfeffer würzen.

2. Toaste dein Brot und beschmiere es anschließend mit der Avocadocreme. Serviere es nach Belieben mit verschiedenen Toppings. Wir essen unser Avocado Toast am liebsten mit etwas Olivenöl, pochierten Eiern und Chiliflocken. Auch die Kombi aus Tomaten und Balsamico-Creme oder zerkrümelter Feta schmeckt lecker dazu.

Toast mit Avocado, Speck und Spiegelei

Zugegeben: Avocado und Speck ist eine Kombination, der wir einfach nicht widerstehen können. Bei diesem Rezept packen wir sie gemeinsam mit einem Spiegelei zwischen zwei Toastbrotscheiben – et voilà: Fertig ist unser einfaches, aber genauso geniales Frühstücks-Sandwich! Wenn möglich, bereiten wir es auf dem Feuer zu, es lässt sich aber ebenso in der Pfanne zaubern.

Zubereitungsart	Kochutensilien	Zubereitungszeit	Menge
Herd & Feuer	Pfanne/Dutch Oven	15 Minuten	2 Portionen

Zutaten

4 Scheiben Toastbrot
4 Speckstreifen
2 Eier
1 Avocado
Butter

Zubereitung

1. Brate in der einen Hälfte der Pfanne den Speck an, bis er schön knusprig ist. In der anderen verteilst du etwas Butter und brätst darin deine Spiegeleier. Sollte deine Pfanne nicht groß genug sein, dann brate erst den Speck und dann die Eier.

2. Halbiere in der Zwischenzeit die Avocado, entkerne sie, entferne das Fruchtfleisch und zerdrücke es leicht mit einer Gabel.

3. Sobald Speck und Eier fertig sind, belegst du deine Brotscheiben. Zuerst beschmierst du diese mit Avocado und legst darauf das Spiegelei, gefolgt vom Speck und einer weiteren Scheibe Brot.

4. Brate die Sandwiche nun nochmals kurz von beiden Seiten in der Pfanne an. Diese sollte noch ausreichend Fett vom Speck und der Butter übrig haben. Wenn nicht, füge einfach etwas Butter hinzu. Sobald beide Brotseiten goldbraun gebraten sind, ist dein Frühstücks-Sandwich fertig.

Käse-Speck-Sandwich mit Apfel

Wenn der Tag einen langsamen Start und die Umgebung ein Lagerfeuer erlauben, dann zaubern wir uns morgens gerne dieses Sandwich. Durch das Feuer erhält es eine rauchige Note, die perfekt zum saftig-süßen Apfel, würzigen Käse und salzigen Speck passt. Übrigens lässt sich das Sandwich problemlos in der Pfanne zubereiten, und alle Vegetarier lassen den Speck einfach weg.

Zubereitungsart	Kochutensilien	Zubereitungszeit	Menge
Herd & Feuer	Pfanne/Grillrost	15 Minuten	2 Portionen

Zutaten

4 Scheiben Toastbrot

4 Speckstreifen

4 Scheiben Käse (z.B. Cheddar/Emmentaler)

½ süßer Apfel

Butter

Zubereitung

1. Brate den Speck von beiden Seiten in einer Pfanne oder auf dem Grill an.

2. Halbiere in der Zwischenzeit den Apfel und schneide ihn in dünne Scheiben.

3. Jetzt beschmierst du jeweils die Außenseiten des Toastbrotes mit Butter. Die Innenseite belegst du zunächst mit dem gebratenen Speck, gefolgt von Apfelscheiben, jeweils 2 Scheiben Käse und einer weiteren Scheibe Toastbrot. Die mit Butter beschmierten Seiten schauen also jeweils nach außen.

4. Brate die Sandwiches nun von beiden Seiten an, bis sie goldbraun sind und der Käse geschmolzen ist – und jetzt folgt eine kleine, aber feine Geschmacksexplosion!

Lachstoast mit Honig-Senf-Soße

Dieses Frühstück zaubern wir gerne, wenn wir nach einem morgendlichen Abenteuer zurück zu unserem Camper kommen. Denn dann darf es etwas besonders Leckeres sein. Zugegeben, lässt sich dieses Gericht wesentlich einfacher zu Hause mit einem Mixer herstellen. Aber auch im Camper bekommst du die cremige Soße mithilfe eines Schneebesens oder einer Gabel und einem starken Rührarm hin.

Zubereitungsart
-

Kochutensilien
Schneebesen & Schüssel

Zubereitungszeit
30 Minuten

Menge
2 Portionen

Zutaten

2 Scheiben Toastbrot
4 Scheiben Räucherlachs
100 g Frischkäse
1 Avocado
1 Frühlingszwiebel

Optional

1 TL schwarzer Sesam

Für die Soße

1 Limette
3 EL Honig
3 EL Senf
2 EL Rapsöl
Salz & Pfeffer

Zubereitung

1. Halbiere die Limette und presse den Saft in eine schmale, möglichst hohe Rührschüssel. Füge den Honig und den Senf hinzu und mixe alles mit einem Schneebesen oder einer Gabel zu einer cremigen Soße. Würze diese zum Schluss ein wenig mit Salz und Pfeffer.

2. Toaste nun das Toastbrot. Putze in der Zwischenzeit die Frühlingszwiebel und schneide sie in feine Ringe. Halbiere und entkerne die Avocado, hol das Fruchtfleisch mit einem Löffel raus und schneide es anschließend in Scheiben. Lege schon mal die Lachsscheiben zur Seite.

3. Bestreiche das noch warme Toastbrot mit Frischkäse und platziere darauf ein paar Scheiben Avocado und Lachs. Kurz vorm Servieren solltest du die Honig-Senf-Soße noch einmal verrühren und dann über das Toast gießen.

4. Zum Schluss garnierst du das Toast mit den Frühlingszwiebel-Ringen und dem Sesam – und schon hast du ein echtes Meisterwerk auf dem Teller!

Zutaten übrig?
Dann probier unbedingt unser Sandwich mit Lachs und Avocado auf S. 116!

Glasgow Eggs

Einer unserer Roadtrips durch Schottland führte uns nach Glasgow, wo wir in einem kleinen Café auf diese leckere Kombination gestoßen sind. Zurück zu Hause, haben wir das Gericht prompt nachgekocht und Glasgow Eggs getauft. Das Besondere ist, dass der Frischkäse perfekt zur Schärfe der Sriracha passt. Übrigens: Diese Chilisoße stammt aus der Küstenstadt Si Racha in Thailand.

Zubereitungsart	Kochutensilien	Zubereitungszeit	Menge
Herd	Topf & Pfanne	15 Minuten	2 Portionen

Zutaten

2 Scheiben Sauerteigbrot
4 Speckstreifen
4 EL Frischkäse
4 Eier
Handvoll Babyspinat
1 Avocado
Sriracha
Weißweinessig
Salz

Zubereitung

1. Fülle einen Topf ca. 5 cm hoch mit Wasser und bringe dieses zum Sieden.

2. Brate währenddessen den Speck in einer Pfanne knusprig und wickel ihn anschließend zum Abtropfen in Küchenpapier. So bleibt er auch warm.

3. Nun kannst du die Pfanne mit Küchenpapier reinigen und die Brotscheiben darin toasten. Alternativ funktioniert das auch direkt über der Flamme.

4. Halbiere in der Zwischenzeit die Avocado, entkerne sie, entferne das Fruchtfleisch und schneide es in dünne Scheiben. Wasche außerdem den Babyspinat und tupfe ihn mit einem Küchenhandtuch trocken.

5. Sobald das Wasser kocht, fügst du eine Prise Salz und einen Schuss Weißweinessig hinein. Vermenge Salz und Essig mit dem Wasser und gib nun die Eier vorsichtig hinein. Lasse sie je für 2,5–3 Minuten im Wasser köcheln, bis das Eiweiß hart, das Eigelb aber noch flüssig ist. Hole sie anschließend vorsichtig mit einer Schöpfkelle oder einem Löffel heraus und lasse sie kurz auf einem Küchentuch abtropfen.

6. In der Zwischenzeit beschmierst du die getoasteten Brote jeweils mit einer dicken Schicht Frischkäse. Darauf legst du ein paar Blätter Babyspinat, gefolgt von den Avocado- und Speckscheiben.

7. Zum Schluss kommen jeweils zwei fertig pochierte Eier auf die Brotscheiben, über die du nun je nach Geschmack und Schärfewunsch Sriracha verteilst – mega lecker!

Breakfast Burritos

Das erste Mal haben wir Breakfast Burritos auf unserem Roadtrip entlang des Highway 1 in Kalifornien probiert, in einem kleinen Café am Venice Beach in Los Angeles. Und tatsächlich hat uns der Burrito so gut geschmeckt, dass wir sitzen geblieben und direkt einen zweiten bestellt haben. Seither gibt es bei uns zu Hause und im Camper öfters Burritos zum Frühstück.

Zubereitungsart	Kochutensilien	Zubereitungszeit	Menge
Herd & Feuer	Pfanne/Dutch Oven	30 Minuten	2 Portionen

Zutaten

2 Wraps
2 Speckstreifen
30 g Cheddar
4 Eier
4 Kirschtomaten
½ Zwiebel
½ Paprika
½ Avocado
BBQ-/Sriracha-Soße
Olivenöl/Butter
Salz & Pfeffer

Dazu schmeckt

Crème fraîche
Limettensaft

Zubereitung

1. Schäle die Zwiebel, wasche die Paprika, halbiere beide und schneide jeweils eine Hälfte in dünne Streifen. Erhitze etwas Fett in einer Pfanne und brate das Gemüse für ein paar Minuten an, bis es glasig ist.

2. Vermenge in der Zwischenzeit die Eier in einer Schüssel, würze sie mit Salz und Pfeffer. Halbiere die Avocado, entkerne und schneide sie in Scheiben oder Stücke. Wasche und viertel die Tomaten. Reibe den Cheddar und stell alles zur Seite.

3. Sobald das Gemüse fertig ist, holst du es aus der Pfanne und stellst es beiseite. Füge erneut Fett in die Pfanne und bereite das Rührei nach Geschmack zu. Stell es anschließend auch beiseite.

4. Säubere die Pfanne mit Küchenpapier und erwärme nacheinander die Wraps. Sobald sie sich formen lassen, legst du sie auf einen Teller oder ein Brett.

5. Belege sie zuerst mit dem Gemüse und der Avocado, gefolgt vom Speck und Rührei. Darauf verteilst du den Cheddar, die Tomaten und nach Geschmack Soße.

6. Falte die Burritos zu Päckchen und brate sie für wenige Minuten gleichmäßig von beiden Seiten bei niedriger Hitze an, sodass der Käse schmilzt.

7. Genieße deinen Breakfast Burrito mit einem Spritzer Limettensaft und einer Portion Crème fraîche – yummy!

Rührei mit Crème fraîche und Schnittlauch

Die meisten bereiten ihr Rührei wie folgt zu: Eier verquirlen, mit Salz und Pfeffer würzen und dann mit etwas Fett in die Pfanne. Auch wir haben unser Rührei jahrelang so zubereitet und waren nie Fans vom Gericht – bis wir auf ein Video von Gordon Ramsay gestoßen sind. Bist du bereit für das ultimative Rührei-Rezept und ein cremiges, ganz neues Geschmackserlebnis?

Zubereitungsart
Herd & Feuer

Kochutensilien
Pfanne/Topf

Zubereitungszeit
5 Minuten

Menge
2 Portionen

Zutaten

6 Eier
30 g Butter
2 EL Crème fraîche
Schnittlauch
Salz & Pfeffer

Dazu schmeckt

Sauerteigbrot
Olivenöl
Butter

Zubereitung

1. Gib die Eier zusammen mit der Butter in eine kalte Pfanne oder einen Topf und stelle den Herd auf mittlere Hitze. Jetzt verrührst du die Eier mithilfe eines Kochlöffels mit der Butter.
2. Für die nächsten 4–5 Minuten rührst du die Eier nun ständig um und zwar im folgenden Wechsel: 1 Minute über der Hitze, 30 Sekunden daneben, 1 Minute über der Hitze, 30 Sekunden daneben, bis das Rührei fertig und die Butter komplett geschmolzen ist. Dabei sollte das Rührei schön feucht sein.
3. Anschließend nimmst es vom Herd und rührst 2 EL Crème fraîche unter. Würze es mit Salz und Pfeffer, und garniere es mit Schnittlauch.
4. Am Besten schmeckt das Rührei mit frischem oder getoasteten Sauerteigbrot sowie etwas Olivenöl oder Butter.

Zwiebel-Champignon-Parmesan-Rührei mit Petersilie

Dieses Rührei ist nicht nur was fürs Frühstück, sondern auch für später. Wir bereiten es am liebsten morgens zu, wenn wir tagsüber viel vorhaben oder mittags als warme und herzhafte Stärkung. Am besten verwendest du braune Champignons: Sie schmecken intensiver und schrumpfen beim Erhitzen kaum. Übrigens brauchst du das Rührei nicht zu salzen, das erledigt der Parmesan.

Zubereitungsart	**Kochutensilien**	**Zubereitungszeit**	**Menge**
Gas/Herd	Pfanne	15 Minuten	2 Portionen

Zutaten

6 Eier

1 kleine rote Zwiebel

250 g braune Champignons

50 g Parmesan

Handvoll Petersilie

Olivenöl

Pfeffer

Zubereitung

1. Schäle die Zwiebel, halbiere sie und schneide sie in halbe Ringe.
2. Erhitze etwas Öl in einer Pfanne und brate die Zwiebeln in dieser für 2 Minuten an.
3. Putze in der Zwischenzeit die Champignons mithilfe eines Küchentuchs, viertel sie und gebe sie danach zu den Zwiebeln. Lasse sie für weitere 5 Minuten zusammen braten und rühre sie gelegentlich um, damit sie gleichmäßig braun werden.
4. Verquirle währenddessen die Eier. Hacke außerdem die Petersilie und reibe den Parmesan grob.
5. Gib nun die Eier in die Pfanne und lasse alles unter Rühren für ca. 2 Minuten braten.
6. Sobald das Ei gestockt ist, nimmst du die Pfanne vom Herd und streust den Parmesan drüber. Lasse diesen leicht schmelzen, würze das Rührei ein wenig mit frisch gemahlenen Pfeffer und rühre es nochmals um.
7. Serviere das Rührei auf einem Teller und bestreue es zum Schluss mit der Petersilie – guten Appetit!

Champignons übrig?
Dann probier unser geschmortes Schweinefilet mit Rahmchampignons auf S. 142!

Eier im Glas

Wie wäre es statt mit einem klassischen Frühstücksei mit Eiern im Glas? Dahinter verstecken sich weich gekochte Eier, die du schälst, in ein Glas gibst und zerkleinerst. Auf diese streust du Salz und Schnittlauch und genießt dazu eine frische Scheibe Sauerteigbrot mit etwas Butter – so lecker! Als Faustregel gilt übrigens: Ein Ei in Größe M ist in 4–5 Minuten weich gekocht.

Zubereitungsart
Herd & Feuer

Kochutensilien
Topf

Zubereitungszeit
10 Minuten

Menge
2 Portionen

Zutaten

4 Eier

Schnittlauch

Salz

Dazu schmeckt

Sauerteigbrot

Speckstreifen

Butter

Zubereitung

1. Bringe das Wasser im Topf zum Sieden und lasse die Eier mithilfe eines Löffels vorsichtig ins Wasser gleiten. Koche sie nun in 4–5 Minuten weich.

2. Hole die Eier vorsichtig mit einem Löffel aus dem Topf, schrecke sie mit kaltem Wasser ab, schäle sie, und verteile jeweils zwei Eier in zwei Gläser oder Becher. Wenn du die Möglichkeit hast, dann erwärme diese vorher.

3. Zerkleinere die Eier, und streue etwas Salz und Schnittlauch drüber.

4. Am besten schmeckt zu den Eiern im Glas ein mit Butter beschmiertes Sauerteigbrot. Auch knusprig gebratene Speckstreifen passen super.

Çilbir

Wie du bestimmt schon gemerkt hast, essen wir zum Frühstück unheimlich gerne pochierte Eier. So verwundert es nicht, dass wir große Fans von Çilbir sind – auch bekannt als türkische Eier: Pochierte Eier vereinen sich mit fettreichem Joghurt, frischer Petersilie und Chilibutter zu einer wahren Geschmacksexplosion. Mit frischem Sauerteigbrot wird diese gleich noch genialer!

Zubereitungsart Herd	**Kochutensilien** Topf & Pfanne	**Zubereitungszeit** 20 Minuten	**Menge** 2 Portionen

Zutaten

200 g Türkischer/Griechischer Joghurt

2 Eier

½ Bund Petersilie

1 Knoblauchzehe

3 EL Butter

1 EL Olivenöl

1 TL Essig

1 EL Chiliflocken

Salz

Dazu schmeckt

Grobes Meersalz

Petersilie

Sauerteigbrot

Zubereitung

1. Hacke die Petersilie fein und füge sie mit dem Joghurt in eine Schüssel. Schäle den Knoblauch und reibe diesen direkt in den Joghurt. Salze den Joghurt, mische alles und stelle die Schüssel zur Seite.

2. Lass die Butter in einer Pfanne braun werden. Schalte den Herd aus, gibt das Olivenöl sowie die Chiliflocken hinzu und stelle die flüssige Chilibutter zur Seite.

3. Fülle einen Topf ca. 5 cm hoch mit Wasser und bringe dieses zum Köcheln. Füge Essig und Salz hinzu. Nutze z.B. einen Schneebesen, damit sich das Salz komplett im Wasser auflöst und mit dem Essig verbindet. Kippe die Eier nun vorsichtig ins siedende Wasser und koche sie für ca. 2,5–3 Minuten. Hole sie anschließend vorsichtig mit einer Schöpfkelle oder einem Löffel raus. Das Eiweiß sollte hart, das Eigelb aber noch flüssig sein. Lege die Eier zum Abtropfen auf ein Küchentuch.

4. Verteile den Joghurt gleichmäßig auf zwei Tellern und platziere jeweils mittig ein pochiertes Ei. Beträufle die Eier nun mit der Chilibutter und garniere das Gericht mit groben Meersalzflocken und Petersilieblättern.

5. Genieß dein Çilbir mit einer frischen Scheibe Sauerteigbrot – himmlisch!

Shakshuka

Dieses grandiose One-Pot-Gericht stammt aus dem Norden Afrikas und gilt heute als Nationalgericht Israels. Da sich Shakshuka ziemlich einfach zubereiten lässt, kommen auch wir Camper in den Genuss dieser Köstlichkeit. Dabei kannst du Shakshuka sowohl in der Pfanne als auch im Dutch Oven kochen. Besonders lecker schmeckt dazu frisches Sauerteig- oder getoastetes Brot.

Zubereitungsart	Kochutensilien	Zubereitungszeit	Menge
Herd & Feuer	Pfanne/Dutch Oven	30 Minuten	2 Portionen

Zutaten

3 Eier
2 Tomaten
1 rote Paprika
1 Zwiebel
1 Knoblauchzehe
1 rote Chilischote
1 Dose passierte Tomaten
2 EL Tomatenmark
3 EL Olivenöl
1 TL Zucker
1 TL Kreuzkümmel
2 TL Paprikapulver
Salz & Pfeffer

Zum Garnieren

30 g Feta
3 Zweige Petersilie

Dazu schmeckt

Sauerteigbrot

Zubereitung

1. Schäle die Zwiebel und den Knoblauch und hacke beide. Wasche die Tomaten und Paprika, und würfle sie.
2. Erhitze das Olivenöl in die Pfanne und schwitze die Zwiebel und den Knoblauch darin an. Füge das Tomatenmark hinzu und lasse es 1 Minute anrösten.
3. Lasse nun die Paprika- und Tomatenwürfel für ca. 2 Minuten mit braten, bis die Paprika leicht weich ist.
4. Hacke in der Zwischenzeit die Chilischote fein. Solltest du es nicht so scharf mögen, entferne vorher die Kerne. Gib sie mit den passierten Tomaten in die Pfanne.
5. Würze die Tomatensoße nach Belieben mit Zucker, Paprikapulver, Kreuzkümmel, Salz und Pfeffer. Lasse sie anschließend für ein paar Minuten ohne Deckel köcheln, damit eine dicke Konsistenz entsteht.
6. Zum Schluss machst du 3 Löcher in die Soße und gießt in diese jeweils vorsichtig die Eier. Lass die Shakshuka erneut für 5–7 Minuten bei niedriger Hitze köcheln, bis die Eier gar sind.
7. Wasche und hacke währenddessen die Petersilie und zerkrümel den Feta. Sobald die Shakshuka fertig ist, streust du Petersilie und Feta darüber – genieße dieses himmlische Gericht mit einer Scheibe Brot zum Eintunken!

Snacks, Salate & Sandwiches

Namibia: Wo das Essen nebensächlich wird

Eigentlich wollten wir heute ein paar der höchsten Dünen weltweit erklimmen und zwar in der ältesten Wüste unserer Erde: der Namib. Doch ein Sandsturm machte uns einen Strich durch die Rechnung und so sind wir kurzerhand knapp 800 Kilometer in den Norden des Landes gebrettert.

Das erste Drittel ging es über Schotterpisten, schließlich ist ein Großteil des schier unendlichen Straßennetzes Namibias ohne Asphalt. Auch den Spreetshoogte Pass, einer der steilsten und höchsten Pässe des Landes, haben wir auf der Strecke überquert und dabei atemberaubende Aussichten genossen.

Was uns aber gestern Abend für ein Anblick erwartete, können wir kaum in Worte fassen: Eine Elefantenfamilie näherte sich dem Wasserloch und gesellte sich zu den Zebras, Giraffen, Schakalen und unzähligen anderen Tieren dazu. Kurz vor Sonnenuntergang sind wir gestern in Okaukuejo angekommen und haben uns direkt ins wohl beste Open Air Kino der Welt gesetzt.

Auch heute startete der Tag mit einem Besuch am Wasserloch zum Sonnenaufgang. Und auch dieses Mal wurden wir von zahlreichen Tieren begrüßt. Danach gab es einen leckeren Kaffee aus der AeroPress, mit frisch-gemahlenen Bohnen von den Slowtown Coffee Roasters. Denn als wir vor ein paar Tagen in Swakopmund waren, mussten wir diesem Café samt Rösterei natürlich einen Besuch abstatten und auch gleich eine Packung Bohnen mitnehmen.

Anschließend sind wir für unsere Self-Drive-Safari aufgebrochen und Richtung Norden an den Rand der Etosha-Pfanne zum Okondeka Wasserloch gefahren. Die Landschaft im Park wirkt genauso unwirklich wie im Rest des Landes, und der karge Boden scheint hier in der Ferne Eins mit dem Horizont zu werden. Dazwischen läuft eine Giraffe majestätisch durch Herden von Zebras, Impalas und Gnus. Auch eine Oryx Antilope lässt sich kurz blicken.

Gerade eben haben wir ein kleines Löwenrudel entdeckt, das vollgefressen neben einem Kadaver liegt. Es ist nicht mehr ganz zu erkennen, um was für ein Tier es sich handelt, aber ich würde vermuten,

» Hier, im Etosha Nationalpark, sind die Tiere frei und laufen wild umher – so wie es sein sollte. «

dass das Rudel ein Gnu gerissen hat. Zugegeben: So dicke Löwen wie hier sind uns auf unseren Safaris in Südafrika und Botswana bis dato noch nicht begegnet.

Doch auch bei uns macht sich so langsam der Hunger bemerkbar. Zum Glück finden wir wenig später einen Picknick-Spot ausgeschildert. Wir folgen den Schildern vom Hauptweg herunter und fahren auf ein Tor zu. Ich schaue mich um, steige aus dem Auto aus und öffne das Gitter, nur um es kurze Zeit später wieder schnell hinter mir zu schließen.

Nun befinden wir uns in einem kleinen eingezäunten Areal, mitten in der afrikanischen Wildnis. Diese Picknick-Spots sind neben den Campingplätzen die einzigen Orte, an denen man sein Fahrzeug im Etosha Nationalpark verlassen darf. Wir öffnen unseren Kofferraum, holen Geschirr und Besteck raus. Ich fange an ein wenig Obst und Gemüse klein zu schnippeln: Tomate, Gurke, Paprika. Auch eine angebrochene Dose Mais und etwas Feta finde ich in unserer Kühlbox und zaubere uns mit Eisbergblättern einen erfrischenden Salat. Noch etwas gutes Olivenöl, Salz und Pfeffer drüber und schon haben wir ein leckeres Mittagessen. In der Ferne flimmert die Hitze, schließlich herrschen um die 30 Grad.

Während wir essen, halten wir durch den Zaun weiterhin Ausschau nach Tieren. Unser Fernglas ist auf diesem Roadtrip immer griffbereit, genauso wie unsere Kameras und unser Zoom-Objektiv. Denn wer weiß, vielleicht stapft gleich ein Elefantenbulle oder gar eine ganze Herde Dickhäuter an uns vorbei?

Ein neugieriges Erdhörnchen stattet uns einen Besuch ab. Doch es ist Zeit, wieder aufzubrechen. Wir spülen ab, packen ein und verlassen die Picknickstelle. 90 Kilometer Schotterpiste liegen vor uns, bis wir das Olifantsrus Camp am späten Nachmittag erreichen.

Als wir ankommen, sind wir erneut sprachlos: Ein Holzsteg führt zu einer zweistöckigen Hütte direkt am Wasserloch. Während man unten nur durch eine Glasscheibe getrennt gefühlt im Wasser steht, genießt man von oben den Blick runter auf die Tiere und in die Ferne. Und tatsächlich: Ein riesiger Elefantenbulle schreitet auf uns zu – das Abendessen kann warten.

Bruschetta

Ob als Vorspeise, als Beilage zum Grillen oder zum Salat, Bruschetta sind die perfekten Happen. Zudem kannst du sie ganz nach Wunsch belegen: Neben Mozzarella und Serrano, schmeckt gegrillte Aubergine. Oder wie wäre es mit Gorgonzola, Feige, Thymian und Honig? Noch eine Idee: Ziegenfrischkäse mit Erdbeeren, Rosmarin und Honig – deiner Kreativität sind keine Grenzen gesetzt!

Zubereitungsart	Kochutensilien	Zubereitungszeit	Menge
Herd & Feuer	Pfanne/Grillrost	5 Minuten	2 Portionen

Zutaten

6 Scheiben Weißbrot

4 Tomaten

2 Knoblauchzehen

¼ Bund Basilikum

3 EL Olivenöl

Salz

Weitere Ideen

Mozzarella/Burrata

Serrano-Schinken

Gegrillte Aubergine & Auberginenmus

Gorgonzola, Feige, Thymian & Honig

Ziegenfrischkäse, Erdbeeren, Rosmarin & Honig

Zubereitung

1. Röste die Brotscheiben mit 2 EL Olivenöl in einer Pfanne oder auf dem Grill.

2. Währenddessen wäschst du die Tomaten und würfelst sie fein. Schäle außerdem den Knoblauch und hacke ihn fein. Nun wäschst du den Basilikum, schüttelst ihn trocken und hackst ihn ebenfalls fein.

3. Mische die Tomaten mit dem Knoblauch und 1 EL Olivenöl. Schmecke sie mit dem Basilikum und etwas Salz ab und verteile die Mischung anschließend auf den gerösteten Weißbrotscheiben – buon appetito!

Knäckebrot mit Hüttenkäse und Erdnussbutter

Falls du auf der Suche nach einem Snack bist und dich nicht entscheiden kannst, ob süß oder salzig, dann haben wir hier das richtige Rezept für dich! Das Knäckebrot eignet sich insbesondere für Nachmittage, an denen du von einem kleinen oder aber auch großen Abenteuer zurückkommst. Und je nachdem, wie hungrig du bist, zauberst du einfach die doppelte Portion!

Zubereitungsart
-

Kochutensilien
-

Zubereitungszeit
5 Minuten

Menge
2 Portionen

Zutaten

2 Scheiben Vollkorn-Knäckebrot

4 EL körniger Hüttenkäse

2 EL Erdnussbutter

2 TL Honig

2 TL Zartbitter-schokolade

1 Prise Zimt

Zubereitung

1. Raspel oder hacke die Schokolade fein. Alternativ kannst du auch Kakaonibs verwenden.
2. Bestreiche das Knäckebrot mit dem Hüttenkäse und verteile anschließend die Erdnussbutter darüber, gefolgt vom Honig.
3. Nun verstreust du die Schokolade auf dem Brot und bestreust alles ein wenig mit Zimt – das war's!

Topping-Tipp

Statt Erdnussbutter kannst du auch Mandelmus verwenden. Außerdem schmecken Bananen- oder Erdbeerscheiben super als weiteres Topping oben drauf!

Ziegenkäse im Walnuss-Rosmarin-Honig-Mantel

Dieses Rezept klingt nicht nur fantastisch, sondern schmeckt auch so! Zum Ziegenkäse genießt du Apfelstücke und Crackers und zauberst so im Nu den perfekten Appetizer fürs Abendessen. Dabei funktioniert das Gericht auch als Mittagessen und schmeckt besonders gut mit einem fruchtig-trockenen Weißwein, wie einem kalifornischem Riesling oder einem südafrikanischen Chenin Blanc.

Zubereitungsart
Herd & Feuer

Kochutensilien
Pfanne

Zubereitungszeit
10 Minuten

Menge
2 Portionen

Zutaten

1 Rolle Ziegenkäse
Handvoll Walnüsse
1 Packung Crackers
1 Apfel
1 Bund Rosmarin
150 ml Honig

Dazu schmeckt

Fruchtig-trockener Weißwein

Zubereitung

1. Lasse den Honig mit einigen Zweigen Rosmarin (bewahre noch welche zum Servieren auf) in einer Pfanne bei mittlerer Hitze leicht köcheln. Schalte den Herd dann auf die niedrigste Stufe und lasse den Honig für weitere 2–3 Minuten köcheln, bis er mit dem Rosmarin durchzogen ist. Anschließend lässt du den Honig abkühlen.

2. In der Zwischenzeit kannst du den Apfel in Scheiben schneiden und die Walnüsse grob hacken.

3. Verteile die Nüsse gleichmäßig auf einem Brett und rolle den Ziegenkäse über diese, sodass die Nüsse leicht an den Käse gedrückt werden und hängen bleiben. Lege die Ziegenkäserolle auf eine Servierplatte, ein Brett oder einen Teller.

4. Nun kannst du den Honig von den Rosmarinzweigen abkratzen und über den Ziegenkäse verteilen. Zupfe zudem ein paar Blätter Rosmarin zum Garnieren über den Käse – genieße den Ziegenkäse mit Apfelscheiben und Crackern!

Mango-Avocado-Salat

Wir essen diesen Salat am liebsten als Beilage zum Grillen. Er schmeckt sehr fruchtig und passt zu Fleisch und Fisch – perfekt für einen Camping-Abend im Sommer! Übrigens: Nicht nur Mango, sondern auch Avocado und Tomate zählen zu den Obstsorten. Nur wenn du saftige Mango, weiche Avocado und rote Kirschtomaten verwendest, kommt der Geschmack des Salates richtig zur Geltung.

Zubereitungsart
-

Kochutensilien
Schüssel

Zubereitungszeit
10 Minuten

Menge
2 Portionen

Zutaten

250 g Kirschtomaten
2 Frühlingszwiebeln
1 Mango
1 Avocado
1 Limette
Salz & Pfeffer

Zubereitung

1. Schäle die Mango, entferne das Fruchtfleisch vom Kern und schneide es in mundgerechte Stücke.
2. Halbiere die Avocado, entferne den Kern und hol das Fruchtfleisch mithilfe eines Löffels aus der Schale. Schneide es ebenfalls in mundgerechte Stücke.
3. Wasche die Kirschtomaten und halbiere oder viertel sie je nach Größe.
4. Wasche die Frühlingszwiebeln und schneide sie in feine Ringe.
5. Presse die Limette aus und mixe alles zusammen in einer Schüssel. Würze den Salat noch ein wenig mit Salz und Pfeffer – fertig!

Mango-Kokos-Salat

Dieser Salat ist die ideale Beilage zu Lachs: ob Lachs vom Grill, aus dem Ofen oder der Pfanne. Denn Lachs und Mango geben das perfekte Duo ab und schmecken zusammen einfach himmlisch! Da die Mango bei diesem Salat die Hauptzutat ist, muss sie saftig und besonders geschmackvoll sein. Bei den Kokoschips kannst du sowohl welche mit als auch ohne Schale nehmen.

Zubereitungsart
-

Kochutensilien
Schüssel

Zubereitungszeit
5 Minuten

Menge
2 Portionen

Zutaten

2 Mangos

2 Limetten

2 EL Kokoschips

Zubereitung

1. Schäle die Mangos und entferne jeweils das Fruchtfleisch vom Kern. Schneide es anschließend in mundgerechte Stücke.
2. Hacke die Kokoschips grob und presse die Limetten aus.
3. Mische die Mangostücke, die gehackten Kokoschips und den Limettensaft in einer Schüssel – fertig!

Die perfekte Kombi

Dieser Salat passt perfekt zu unserem Lachs in Honig-Limettensaft auf S. 162 oder zu unserem Flammlachs auf S. 170!

Melonensalat mit Feta und Minze

Wenn es einen Salat gibt, der nach Sommer schreit, dann ist es dieser! Erfrischend fruchtige Melone paart sich mit cremigem Feta, aromatischer Minze und milden Pinienkernen. Er eignet sich genauso als Hauptmahlzeit wie als Beilage zum Grillen. Solltest du ihn bis dato noch nicht probiert haben, dann ist es jetzt höchste Zeit, dass dieser Salat bei dir auf den Tisch kommt!

Zubereitungsart
Herd & Feuer

Kochutensilien
Pfanne

Zubereitungszeit
10 Minuten

Menge
2 Portionen

Zutaten

500 g Wassermelone
150 g Feta
50 g Pinienkerne
1 Limette
2 Zweige Minze
50 ml Olivenöl
Salz

Zubereitung

1. Würfle die Melone und schneide den Fetakäse ebenfalls in Würfel. Reibe die Schale der Limette ab und presse den Saft aus. Wasche die Minze, schüttel sie trocken und hacke die Blätter fein.

2. Röste die Pinienkerne ohne Zugabe von Fett in einer Pfanne, aber Vorsicht: Sie brennen schnell an!

3. Mische die Melone, den Feta, die Minze und die Pinienkerne nach Geschmack mit dem Limettenabrieb und -saft, dem Olivenöl und etwas Salz – fertig!

Trampó

Hinter Trampó versteckt sich ein einfacher, dafür umso leckerer Salat aus Sebastians Heimat Mallorca. Er besteht aus wenigen gesunden Zutaten: Neben sonnengereiften Tomaten, gehören grüne Paprika und feinstes Olivenöl in den Salat. Mit etwas Bauernbrot oder Baguette ist Trampó ein ideales Mittagessen, während sich der Salat genauso gut als Beilage zum Grillen eignet.

Zubereitungsart	Kochutensilien	Zubereitungszeit	Menge
-	-	10 Minuten	2 Portionen

Zutaten

3 große reife Tomaten
1 grüne Paprika
3–4 Zweige Petersilie
2 EL Olivenöl
Salz & Pfeffer

Optional

2 EL grüne Oliven
½ kleine Zwiebel
½ Glas Thunfischfilets

Zubereitung

1. Wasche, entkerne und würfle sowohl die Tomaten als auch die Paprika. Gib beides in eine Schüssel.
2. Wasche nun die Petersilie, trockne sie, zupfe die Blätter ab und hacke diese fein.
3. Füge die Petersilie zum Salat hinzu und vermenge alles mit dem Olivenöl. Würze den Salat nach Geschmack mit Salz und Pfeffer.
4. Nun kannst du optional noch eine halbe Zwiebel fein gehackt hinzugeben, genauso wie entkernte Oliven oder Thunfisch. Genieße deinen Trampó am besten mit einem leckerem Bauernbrot oder Baguette!

Was ist mit dem Rest Thunfisch?

Mit der anderen Hälfte Thunfisch kannst du dir ein leckeres Tuna Melt auf S. 118 zaubern!

Thunfischsalat mit Honig-Senf-Dressing

Manchmal schaut man in den Kühlschrank und durchforstet seinen Camper, und entdeckt so manche Schätze, die zusammen ein tolles Gericht ergeben – genauso war das auch bei diesem Rezept. Dabei schmeckt dieser Salat nicht nur unheimlich lecker, sondern ist auch blitzschnell gezaubert! Wichtig ist jedoch, dass du Filets verwendest und keinen Billig-Thunfisch aus der Dose.

Zubereitungsart
-

Kochutensilien
Schüssel

Zubereitungszeit
5 Minuten

Menge
2 Portionen

Zutaten

150 g gemischter Salat

Handvoll Kirschtomaten

1 Mozzarellakugel

1 Glas Thunfischfilets

Fürs Dressing

4 EL Öl

4 EL Weißweinessig

2 TL Honig

1 TL (Dijon-) Senf

Salz & Pfeffer

Optional

Avocado

Rote Zwiebel

Mais

Zubereitung

1. Gib die Salatblätter in eine Schüssel. Schneide oder zupfe den Mozzarella in mundgerechte Stücke. Wasche, trockne und halbiere die Kirschtomaten. Lasse die Thunfischfilets ein wenig über dem Glas abtropfen, und füge sie zusammen mit dem Mozzarella und den Tomaten zum Salat hinzu.

2. Mixe alle Zutaten fürs Dressing so lange, bis eine cremige Konsistenz entsteht. Schmecke es mit Salz und Pfeffer ab und kippe das Dressing anschließend über den Salat. Vermenge alles gut und würze ggf. nochmals mit Salz und Pfeffer nach – fertig!

Rucola-Pasta-Salat mit Serrano und getrockneten Tomaten

Dieser sommerliche Salat ist das ideale Mittagessen und eignet sich genauso gut als leichte Abendmahlzeit. Der Serrano-Schinken passt mit seinem mild-aromatischen Geschmack perfekt zum nussigen Rucola, während das Senf-Honig-Dressing und die feinen Chilistreifen für süße Schärfe und einen besonderen Kick sorgen. Und dank der Penne wirst du von diesem Salat auch gut satt!

Zubereitungsart Herd & Feuer | **Kochutensilien** Topf | **Zubereitungszeit** 15 Minuten | **Menge** 2 Portionen

Zutaten

250 g Penne
100 g Serrano-Schinken
20 g Parmesan
4 Tomaten
2 Handvoll Rucola
2 Frühlingszwiebeln
2 Knoblauchzehen
1 Chilischote
½ Glas getrocknete Tomaten

Fürs Dressing

3 EL Olivenöl
1–2 EL Balsamicoessig
2 TL Honig
2 TL Senf
Salz & Pfeffer

Zubereitung

1. Koche die Penne nach Packungsanleitung al dente. Schöpfe eine Tasse Nudelwasser ab und stelle es beiseite.

2. Zupfe in der Zwischenzeit den Serrano in mundgerechte Happen. Wasche und viertel die Tomaten, entferne das Kerngehäuse und schneide sie in dünne Streifen. Lasse die getrockneten Tomaten abtropfen und schneide sie ebenfalls in dünne Streifen. Wasche die Frühlingszwiebeln und schneide sie in feine Ringe. Schäle den Knoblauch und hacke ihn fein. Entkerne die Chilischote und schneide sie in feine Ringe. Wasche den Rucola und lass ihn zwischen Küchenpapier trocknen.

3. Hobel den Parmesan in dünne Scheiben, entweder mit einer Reibe, einem Sparschäler oder Messer.

4. Fürs Dressing vermengst du das Olivenöl mit dem Essig und ggf. 1–2 EL Wasser. Mische den Senf und den Honig unter und schmecke es mit Salz und Pfeffer ab.

5. Mixe die Penne mit Rucola, Tomaten, Knoblauch und dem Dressing. Füge ggf. etwas vom abgeschöpften Nudelwasser hinzu. Würze den Salat mit Salz und Pfeffer und serviere ihn mit Serrano, Frühlingszwiebeln, Parmesan und nach Geschmack mit Chili.

Gegrillter Pfirsich-Salat mit Prosciutto

Dieser Salat schmeckt nach Sommer, Sonne und einem Roadtrip durch den Süden Europas! Wir essen ihn am liebsten mittags, als Beilage zum Grillen macht sich der Salat aber genauso gut. Statt Pfirsichen kannst du auch Nektarinen verwenden – Hauptsache sie sind reif und saftig. Auch Burrata schmeckt zum Salat. Und um ihn vegetarisch zu genießen, lässt du den Prosciutto weg.

Zubereitungsart
Herd & Feuer

Kochutensilien
Pfanne/Grillrost

Zubereitungszeit
15 Minuten

Menge
2 Portionen

Zutaten

2 große Pfirsiche
½ Bund Basilikum
100 g Kirschtomaten
30 g Prosciutto
2 Kugeln Büffelmozzarella
2 EL Olivenöl
1 EL Weißweinessig
1 EL Honig
Prise Chiliflocken
Salz & Pfeffer

Zubereitung

1. Halbiere die Pfirsiche und brate die aufgeschnittenen Seiten für 3-4 Minuten mit etwas Olivenöl in einer Pfanne an. Wende die Pfirsichhälften und brate die jeweils andere Seite für weitere 2 Minuten.

2. Wasche in der Zwischenzeit die Kirschtomaten und halbiere sie. Zupfe die Basilikumblätter von den Stängeln und hacke rund ¼ der Blätter fein.

3. Bereite das Dressing vor, indem du das Olivenöl, den Weißweinessig und den Honig miteinander mischst. Füge die gehackten Basilikumblätter hinzu und schmecke das Dressing mit einer kleinen Menge Chiliflocken sowie Salz und Pfeffer ab.

4. Sobald die Pfirsiche fertig sind, verteilst du sie mit den Tomaten auf einem großen Teller. Gib die restlichen Basilikumblätter sowie den Prosciutto hinzu und übergieße den Salat mit ca. ¾ vom Dressing. Mische nun alles.

5. Zum Schluss zerpflückst du den Mozzarella über den Salat und beträufelst diesen mit dem restlichen Dressing – fertig!

Backofen parat?
Solltest du die Möglichkeit haben zu backen, kannst du dir Naanbrot zum Salat aufbacken und dieses zusätzlich mit Olivenöl, Butter, gehacktem Knoblauch sowie etwas Sesam und Salz bestreichen.

Rucola-Salat mit Gorgonzola, Birne und Walnüssen

Salat ist langweilig? Bei diesem Rezept denkst du, ein Sternekoch hätte es entwickelt, so genial ist die Kombination aus leicht scharfen, süßen und nussigen Geschmacksrichtungen. Denn hier trifft Rucola auf Gorgonzola, Birne und Walnüsse. Dazu gesellt sich ein leicht süßes Dressing aus Olivenöl, Essig, Honig und Thymian – wetten, dass du diesen Salat nun öfters zubereitest?

Zubereitungsart	Kochutensilien	Zubereitungszeit	Menge
Herd & Feuer	Pfanne & Schüssel	10 Minuten	2 Portionen

Zutaten

50 g Gorgonzola

50 g Walnüsse

2–3 Handvoll Rucola

1 Birne

Fürs Dressing

6 EL Olivenöl

3 EL heller Balsamicoessig

2–3 TL Honig

1 Zweig Thymian

Salz & Pfeffer

Zubereitung

1. Wasche den Rucola und trockne ihn mit einem Küchentuch. Gib ihn in eine Schüssel.
2. Wasche die Birne, viertel und entkerne sie, und schneide sie in dünne Scheiben. Schneide oder zupfe den Gorgonzola in mundgerechte Stücke.
3. Zupfe die Thymian-Blätter vom Stängel und hacke sie fein. Solltest du keinen frischen Thymian bekommen oder es muss schnell gehen, kannst du getrockneten verwenden (hier reicht ½ TL Thymian).
4. Lasse die Walnüsse in einer Pfanne anrösten, das sorgt für ein kräftigeres Aroma. Achte darauf, dass die Nüsse nicht anbrennen. Wenn es schnell gehen soll, kannst du diesen Schritt weglassen.
5. Stelle in der Zwischenzeit das Dressing her: Mische das Olivenöl mit Balsamicoessig, Honig und Thymian. Schmecke es mit Salz und Pfeffer ab.
6. Mixe den Rucola nun mit der Birne und dem Dressing, und serviere den Salat auf Tellern. Verteile die Walnüsse und den Gorgonzola darüber – und nun freue dich auf eine wahre Geschmacksexplosion!

Du stehst auf Blauschimmel?

Wenn du Gorgonzola magst und noch Zutaten übrig hast, dann probiere unsere Spaghetti mit Birnen-Gorgonzola-Soße auf S. 150!

Dinkelsalat mit Prosciutto und Mozzarella

Mit Dinkel gebacken hast du bestimmt schon, aber wie sieht es mit Kochen aus? Dieses Urkorn schmeckt besonders in Salaten oder Bowls. Mit seinem kernig-nussigen Aroma passt es hervorragend zu Prosciutto-Schinken, während das Dressing aus Olivenöl, Balsamicoessig, Honig, Zitrone, Thymian und Chili nicht nur für einen Frischekick, sondern für ein wahres Geschmackserlebnis sorgt!

Zubereitungsart	Kochutensilien	Zubereitungszeit	Menge
Herd	Topf & Reibe	30 Minuten	2 Portionen

Zutaten

250 g Dinkel
150 g Mini-Mozzarella-kugeln
50 g Prosciutto
200 g Kirschtomaten
½ Bund Thymian
½ Bund Basilikum
1 Zitrone
50 ml Olivenöl
20 ml Balsamicoessig
2 EL Honig
1 Prise Chiliflocken
Salz & Pfeffer

Zubereitung

1. Bringe 500 ml Wasser mit etwas Salz zum Kochen und lasse den Dinkel für ca. 20 Minuten köcheln. Sollte dann noch Wasser übrig sein, gießt du es einfach ab.
2. Wasche in der Zwischenzeit die Kirschtomaten und halbiere oder viertel sie je nach Größe. Tropfe außerdem die Mozzarellakugeln ab und stelle beides zur Seite.
3. Zupfe jeweils die Hälfte der Thymian- und Basilikumblätter von den Stängeln und reibe ca. 2 TL von der Zitronenschale ab.
4. Mische das Olivenöl mit dem Balsamicoessig, dem Honig, der Zitronenschale und 2 EL Zitronensaft. Füge die abgezupften Thymianblätter hinzu und würze das Dressing nach Geschmack mit Chiliflocken, Salz und Pfeffer.
5. Sobald der Dinkel fertig gekocht ist, mischst du ihn mit der Vinaigrette. Füge auch die abgezupften Basilikumblätter hinzu und lasse alles kurz ziehen.
6. Gib den Dinkel auf einen großen Teller, zupfe den Prosciutto klein und verteile ihn gemeinsam mit den Mozzarellakugeln und den Tomaten gleichmäßig auf dem Dinkel. Garniere den Salat nun mit dem Rest des Basilikums und Thymians – guten Appetit!

Bulgursalat mit Datteln und Gurke

Bei diesem Salat mischt sich nussiger Bulgur mit süßen Datteln, sonnengereiften Kirschtomaten und frischer Gurke. Mandelsplitter und ein Dressing aus Olivenöl, Agavendicksaft und Dattelessig sorgen für das gewisse Extra. Übrigens: Der Salat schmeckt auch am nächsten Tag super, wenn er schön durchgezogen ist – wie wäre es also gleich mit der doppelten Menge?

Zubereitungsart	Kochutensilien	Zubereitungszeit	Menge
Herd	Topf (+ Deckel)	15 Minuten	2 Portionen

Zutaten

200 g Bulgur
2 Handvoll Kirschtomaten
Handvoll Datteln
½ Gurke
2 EL Mandelsplitter
1 EL Olivenöl
Salz

Zutaten

2 EL Olivenöl
2 EL Dattelessig (alternativ weißen Balsamicoessig)
2 EL Agavendicksaft
Salz

Zubereitung

1. Bringe 400 ml Wasser mit etwas Salz in einem Topf zum Kochen. Gib den Bulgur sowie das Olivenöl hinein, rühre alles um und schließe den Topf mit dem Deckel. Nimm den Topf vom Herd und lasse den Bulgur für ca. 10 Minuten quellen.

2. In der Zwischenzeit wäschst du die Tomaten und die Gurke. Halbiere die Tomaten und die Gurke der Länge nach. Entferne das Kerngehäuse mit einem Löffel, halbiere sie erneut längs und schneide sie in kleine Würfel. Entkerne ggf. die Datteln und schneide sie in Scheiben.

3. Mixe alle Zutaten für das Dressing in einer Schüssel und stelle dieses erst einmal zur Seite.

4. Sobald der Bulgur fertig ist, lässt du ihn etwas abkühlen. Sollte noch Wasser im Topf sein, gieße dieses einfach ab.

5. Jetzt vermengst du den Bulgur mit den Tomaten, Gurken, Datteln, Mandelsplittern und dem Dressing in einer Schüssel – fertig!

Hauptsache Essig

Solltest du keinen Dattelessig dabei haben, kannst du auch weißen Balsamicoessig verwenden.

Cranberry-Bacon-Brie Sandwich

Wir lieben ungewöhnliche Kombinationen und experimentieren gerne mit Zutaten herum. So ist auch dieses geniale Sandwich entstanden, eine Symphonie aus Brie, Speck, Cranberry und Chili! Dabei schmeckt es gleichzeitig süß und salzig, mit einem angenehmen Hauch von Schärfe. Das Tolle: Du kannst es nicht nur in der Pfanne im Camper, sondern auch über dem Feuer zubereiten.

Zubereitungsart Herd & Feuer

Kochutensilien Pfanne/Grillrost

Zubereitungszeit 10 Minuten

Menge 2 Portionen

Zutaten

4 Scheiben Sauerteigbrot

4 Speckstreifen

10 Scheiben Brie

35 g Butter

4 EL Cranberry-Marmelade

2 TL Chiliflocken

Zubereitung

1. Brate den Speck in einer Pfanne oder auf dem Grill und lege ihn anschließend auf Küchenpapier zur Seite.

2. Butter je eine Seite des Brotes und toaste alle gebutterten Seite in der Pfanne oder auf dem Grill.

3. Drehe 2 Brotscheiben um und bestreiche sie mit der Cranberry-Marmelade. Verteile nun jeweils den Brie auf der Marmelade, gefolgt vom Speck und ein paar Chiliflocken. Nun legst du jeweils die 2 anderen Brotscheiben darauf, mit der ungetoasteten Seite nach oben.

4. Brate das Sandwich nun solange, bis es von beiden Seiten goldbraun und der Brie leicht geschmolzen ist.

Strammer Max

Ja, in diesem Kochbuch findet sich auch ein fast vergessener Klassiker der deutschen Küche: Strammer Max! Dabei kannst du deinen ganz eigenen Strammen Max kreieren, ob vegetarisch ohne Schinken, dekadent mit Speck, Gruyère-Käse, Feldsalat und Preiselbeermarmelade oder frisch mit Avocado und Gartenkresse – wir stellen dir unsere Interpretation des Kneipengerichts vor.

Zubereitungsart	Kochutensilien	Zubereitungszeit	Menge
Herd & Feuer	Pfanne	10 Minuten	2 Portionen

Zutaten

2 Scheiben Schwarz-/ Graubrot

2 Scheiben roher Bauernschinken

2 Scheiben Emmentaler

2 Eier

4 Cornichons

2 Kirschtomaten

Butter

Salz & Pfeffer

Zubereitung

1. Brate zwei Spiegeleier mit etwas Butter in einer Pfanne auf dem Herd oder über dem Feuer. Salze und pfeffer diese leicht.

2. Beschmiere in der Zwischenzeit die Brotscheiben mit einer dünnen Schicht Butter und lege jeweils eine Scheibe Schinken, gefolgt von einer Scheibe Käse aufs Brot.

3. Halbiere die Cornichons längs und schneide die Kirschtomaten in 3–4 dünne Scheiben. Verteile die Cornichon- und Kirschtomaten-Scheiben nun jeweils hälftig auf dem Käse.

4. Sobald die Eier fertig sind, legst du jeweils ein Spiegelei auf eine Scheibe Brot – iss den Strammen Max am besten sofort, solange das Ei noch heiß ist!

Senf-Zwiebel-Speck-Brot

Auch dieses Rezept gehört zur typisch deutschen Hausmannskost und schmeckt – leider geil. Wir essen es mittags sowie als Abendbrot. Der Mix aus salzigem Speck, leicht scharf-süßem Senf und ebenfalls leicht scharfen, aber vor allem saftigen Zwiebeln ist in Kombination mit einem schmackhaften Schwarzbrot, das die Schärfe aufzusaugen scheint, oberlecker – probier's aus!

Zubereitungsart
-

Kochutensilien
-

Zubereitungszeit
5 Minuten

Menge
2 Portionen

Zutaten

2 Scheiben Schwarzbrot

4 Scheiben gekochter/gegarter Bauchspeck

1 kleine Zwiebel

2 EL Senf

Zubereitung

1. Schäle und halbiere die Zwiebel und schneide sie anschließend in Ringe.

2. Beschmiere die Brotscheiben jeweils mit dem Senf, lege die Speckstreifen darauf und verteile nun die Zwiebelringe auf dem Speck – schon ist das Essen fertig!

Unser Schwarzbrot-Tipp

Wir verwenden für dieses Rezept am liebsten die abgepackten Brote von Lieken Urkorn (Kraftkerni) oder Harry (Das volle Korn - Korn an Korn).

Pa amb oli con jamón serrano

Pa amb oli ist typisch für die mallorquinischen Küche und Sebastian könnte es täglich essen. Übersetzt heißt es schlichtweg Brot mit Öl, dazu gesellen sich aber noch saftig-reife Ramallet-Tomaten, Meersalz und je nach Belieben Schinken, Wurst oder Käse. Da das eher dunkle Brot für Pa amb oli nur auf Mallorca erhältlich ist, verwendest du stattdessen Baguette oder Weißbrot.

Zubereitungsart	Kochutensilien	Zubereitungszeit	Menge
-	-	5 Minuten	2 Portionen

Zutaten

1 Baguette

4 Scheiben Serrano-Schinken

2 saftige Tomaten

Olivenöl

Salz

Zubereitung

1. Schneide das Baguette der Länge nach auf und halbiere es anschließend.
2. Verteile etwas Öl auf alle Baguette-Seiten sowie etwas Salz.
3. Halbiere die Tomaten und reibe nun jede Seite mit jeweils einer halben Tomate ein, dabei soll möglichst viel Saft und Fruchtfleisch ins Brot kommen.
4. Zum Schluss belegst du die Baguettes jeweils mit einer Scheibe Serrano-Schinken.

Burrata-Sandwich mit Prosciutto und Chili-Honig

Die Kunst des Kochens liegt darin, mit einer Handvoll Zutaten und wenig Aufwand ein köstliches Gericht zu zaubern – und genau das ist uns auch bei diesem Rezept gelungen: Sahnig-süße Burrata vereint sich auf aromatischem Sauerteigbrot mit kräftigem, leicht nussigen Prosciutto. Darüber verläuft Honig, der mit Weißweinessig und Chili für eine wahre Geschmacksexplosion sorgt.

Zubereitungsart	Kochutensilien	Zubereitungszeit	Menge
-	-	5 Minuten	2 Portionen

Zutaten

2 Scheiben Sauerteigbrot

8–10 Scheiben Prosciutto

1 Burrata

Für den Chili-Honig

2 EL Honig

1 TL Weißweinessig

1 TL Chiliflocken

Zubereitung

1. Verrühre alle Zutaten für den Chili-Honig bis du eine leicht dickflüssige Soße hast.
2. Belege die Brotscheiben jeweils mit ein paar Scheiben Prosciutto. Zupfe die Burrata vorsichtig mit deinen Händen in zwei Hälften. Platziere nun jeweils eine der Burrata-Hälften auf die Schinkenbrote.
3. Beträufle die Burrata-Sandwiches zum Schluss mit 1–2 TL Chili-Honig und freue dich auf ein Geschmackserlebnis der Extraklasse!

Prosciutto, Prosciutto, Prosciutto

Hast du Lust auf noch mehr Rezepte mit Prosciutto? Dann probier unseren gegrillten Pfirsich-Salat mit Prosciutto auf S. 84 oder unseren Dinkelsalat mit Prosciutto und Mozzarella auf S. 88!

Tomaten-Mozzarella-Sandwich mit Rucola-Basilikum-Pesto

Dieses leckere Sandwich katapultiert dich in den italienischen Sommer und ist perfekt fürs Mittagessen an einem heißen Tag. Da ein Akku-Mixer zur Standardausrüstung unseres Campers zählt, zaubern wir das Rucola-Basilikum-Pesto selbst. Solltest du keinen Mixer oder Pürierstab dabei haben, tut es aber auch ein gutes Pesto aus dem Supermarkt oder Spezialitätenladen.

Zubereitungsart Herd & Pfanne | **Kochutensilien** Mixer & Pfanne/Grillrost | **Zubereitungszeit** 20 Minuten | **Menge** 2 Portionen

Zutaten

4 Scheiben Sauerteigbrot

1 Kugel Büffelmozzarella

2 Tomaten

1 EL Butter

Olivenöl

Fürs Pesto

30 g Mandeln (oder Pinienkerne)

40 g Rucola

20 g Basilikum

2 Knoblauchzehen

2 EL Zitronensaft

5 EL Olivenöl

Salz & Pfeffer

Zubereitung

1. Gib alle Zutaten fürs Pesto in einen Mixer oder in ein Gefäß und püriere es. Würze es nach Geschmack mit Salz und Pfeffer.
Das Pesto schmeckt evtl. zu salzig oder zitronig, auf dem Sandwich passt es aber hervorragend.

2. Toaste die Brotscheiben in einer Pfanne oder auf dem Grill jeweils von einer Seite.

3. Schneide die Tomaten und den Mozzarella in der Zwischenzeit in Scheiben.

4. Hol die Brotscheiben aus der Pfanne und belege jeweils die getoastete Seite mit Mozzarella, gefolgt von Tomaten und ca. 2 EL Pesto. Darauf legst du jeweils eine Brotscheibe, die ungetoastete Seite schaut nach oben.

5. Butter die äußeren Brotseiten und brate das Sandwich nun beidseitig goldbraun. Nutze einen Deckel, damit der Käse besser schmilzt – und jetzt beam dich nach Italien, solltest du nicht schon längst mit deinem Camper vor Ort sein!

BLT mit Avocado und Emmentaler

BLT steht für bacon, lettuce, tomato. Wir kennen diese geniale Kombi von unseren Roadtrips durch die USA, Kanada, Australien und Neuseeland, wo sie als Sandwich in vielen Cafés auf der Karte steht. Am liebsten genießen wir unseren BLT als Bagel mit Mayo, Avocado und Emmentaler. Du kannst aber auch ganz klassisch Toastbrot oder ein leckeres Sauerteigbrot verwenden.

Zubereitungsart Herd & Feuer

Kochutensilien Pfanne/Grillrost

Zubereitungszeit 10 Minuten

Menge 2 Portionen

Zutaten

2 Bagel

4 Speckstreifen

2 Scheiben Emmentaler

Romasalat

1 Avocado

1 Tomate

Mayonnaise

Zubereitung

1. Brate den Speck in der Pfanne oder auf dem Grill knusprig. Wickel ihn danach zum Abtropfen in Küchenpapier, so bleibt er auch warm.

2. Toaste währenddessen die Bagel in einer zweiten Pfanne oder auf dem Grill. Alternativ nimmst du die Speck-Pfanne und säuberst diese.

3. Halbiere außerdem die Avocado, entkerne sie und schneide sie in dünne Scheiben, genauso wie die Tomate. Wasche den Salat und trockne ihn mit einem Küchentuch.

4. Sobald die Bagel leicht getoastet sind, beschmierst du sie auf beiden Seiten mit Mayonnaise und belegst sie zuerst mit 1–2 Tomatenscheiben, gefolgt vom Emmentaler, dem Speck, der Avocado und dem Salat. Zum Schluss packst du die obere Bagelseite darauf und schneidest den BLT in zwei Hälften – enjoy!

Club Sandwich

Das Club Sandwich findet sich auf nahezu jeder Speisekarte in Hotels weltweit – und überzeugt nur selten. Dabei schmeckt diese Kombination, richtig zusammengestellt, wirklich genial! Wir zeigen dir, wie du statt eines labbrigen und lieblosen Toastbrot-Turms eine wahre Gaumenfreude zauberst, die sich auch noch perfekt fürs Campen eignet und nichts mit dem Hotel-Fraß zutun hat!

Zubereitungsart
Herd & Feuer

Kochutensilien
Pfanne/Grillrost

Zubereitungszeit
20 Minuten

Menge
2 Portionen

Zutaten

6 Scheiben Toastbrot
1 Hähnchenbrustfilet
4 Speckstreifen
2 Eier
1 Avocado
1 Tomate
Handvoll Babyspinat
3 EL Mayonnaise
Olivenöl
Salz & Pfeffer

Zubereitung

1. Schneide das Hähnchen mit einem Schmetterlingsschnitt auf, würze es mit Salz und Pfeffer, und brate es mit etwas Öl von beiden Seiten in einer Pfanne bis es durch ist. Schneide es anschließend in Streifen und lege es zur Seite. Säubere die Pfanne mit Küchenpapier.
2. Wasche in der Zwischenzeit den Spinat und die Tomate. Halbiere die Avocado, entferne das Fruchtfleisch und schneide es genau wie die Tomate in Scheiben.
3. Brate den Speck in der Pfanne kross, gefolgt von den Spiegeleiern. Toaste anschließend das Brot.

Sandwichaufbau

1. Bestreiche die Toastscheiben ordentlich mit Mayonnaise. Lege zuerst den Spinat darauf, dann das Hähnchen, gefolgt vom Spiegelei und einer weiteren Scheibe Toastbrot.
2. Auf diese legst du die Avocado- und Tomatenscheiben und würzt sie mit Salz und Pfeffer.
3. Nun folgt der Speck und die letzte Scheibe Toastbrot – et voilà!

Grilled Cheese Sandwich

Wem läuft beim Gedanken an ein Grilled Cheese Sandwich nicht das Wasser im Mund zusammen? Das Brot ist kross gegrillt, während der Käse richtig schöne Fäden zieht. Unsere Version des Klassikers setzt auf würzigen Cheddar. Dazu gesellen sich Cornichons, in Weißweinessig karamellisierte Zwiebeln und Speck – falls du vegetarisch lebst, lässt du diesen weg.

Zubereitungsart
Herd & Feuer

Kochutensilien
Pfanne (+ Deckel) / Grillrost

Zubereitungszeit
20 Minuten

Menge
2 Portionen

Zutaten

4 Scheiben Toastbrot
6 Scheiben Cheddar
4 Speckstreifen
2 Cornichons
1 Zwiebel
3–4 EL Butter
1 EL Zucker
2 EL Weißweinessig
Geschmacksneutrales Öl

Zubereitung

1. Schäle die Zwiebel, halbiere sie und schneide sie in dünne Scheiben. Brate sie mit geschmacksneutralem Öl in der Pfanne an.

2. Schneide in der Zwischenzeit die Cornichons längs auf und lege sie beiseite.

3. Sobald die Zwiebeln goldbraun sind, verteilst du den Zucker darüber und lässt ihn für ca. 1 Minute karamellisieren. Danach löschst du die Zwiebeln mit dem Weißweinessig ab und stellst sie auch zur Seite.

4. Säubere die Pfanne mit Küchenpapier, brate den Speck an und wickeln ihn anschließend zum Abtropfen in Küchenpapier. Säubere die Pfanne erneut.

5. Belege die Sandwiches: Zuerst mit jeweils 2 Scheiben Cheddar, gefolgt von den karamellisierten Zwiebeln, Speck und Cornichons. Darauf legst du jeweils eine weitere Scheibe Cheddar und Toastbrot.

6. Buttere die Sandwiche außen, lege sie in die Pfanne und drücke sie platt. Nutze einen Deckel und brate die Sandwiches bei mittlerer Hitze 1–2 Minuten an.

7. Wenn die unteren Seiten goldbraun und knusprig sind, wendest du die Sandwiches und brätst sie von der anderen Seite. Füge ggf. noch mehr Butter in die Pfanne.

8. Sobald beide Seiten goldbraun sind, holst du die Sandwiches aus der Pfanne und halbierst sie – fertig ist dein Grilled Cheese Sandwich!

Jalapeño Popper Sandwich

Dieses Sandwich schmeckt so unfassbar lecker, dass uns die Worte fehlen. Scharfe Jalapeños mixen sich mit Frischkäse und kommen gemeinsam mit würzigem Cheddar und salzig-knusprigem Speck auf gebutterte Toastbrotscheiben in die Pfanne – klingt nicht nur genial, schmeckt auch so! Zur Not tun's übrigens auch Jalapeños aus dem Glas, und Vegetarier lassen einfach den Speck weg.

Zubereitungsart	**Kochutensilien**	**Zubereitungszeit**	**Menge**
Herd & Feuer	Pfanne/Dutch Oven	15 Minuten	2 Portionen

Zutaten

4 Scheiben Toastbrot
2 Speckstreifen
120 g Frischkäse
1 Jalapeño
Handvoll geriebener Cheddarkäse
Butter
Salz & Pfeffer

Optional

1 TL Knoblauchpulver

1. Brate den Speck in einer Pfanne knusprig und stelle ihn anschließend beiseite. Wische die Pfanne mit Küchenpapier sauber.

2. Wasche in der Zwischenzeit die Jalapeño, entferne nach Belieben die Kerne und hacke die Jalapeño fein.

3. Mische die gehackte Jalapeño mit dem Frischkäse und, wenn du es gerne magst und sowieso dabei hast, füge einen TL Knoblauchpulver hinzu. Würze die Creme mit etwas Salz und Pfeffer. Verwende nur wenig Salz, da das Sandwich durch den Speck und Käse bereits salzig ist.

4. Beschmiere alle Brotscheiben von einer Seite mit Butter. Beschmiere nun 2 Brotscheiben auf der Seite ohne Butter mit einer dünnen Schicht Frischkäse-Creme. Auf diese verteilst du Cheddar, gefolgt von Speck und weiterem Cheddar. Nun legst du die restlichen Brotscheiben jeweils mit der gebutterten Seite nach oben darauf.

5. Brate die Sandwiches für ca. 5 Minuten bei mittlerer Hitze in der Pfanne bis sie goldbraun sind. Drehe sie danach um und lasse sie nochmals für ca. 5 Minuten von der anderen Seite braten. Das Brot sollte von allen Seiten gleichmäßig gebräunt und der Käse geschmolzen sein.

6. Serviere die Sandwiches auf einem Teller und scheide sie diagonal in Hälften – OMG!

Steak Sandwich mit karamellisierten Zwiebeln

Zugegeben: Dieses Sandwich ist nicht unbedingt schnell gemacht, dafür schmeckt es umso genialer. Zartes Steak wird mit in Rotweinessig karamellisierten Zwiebeln, Senf und Kresse zwischen zwei knusprige Ciabatta-Hälften gelegt – und die Geschmacksexplosion ist garantiert! Dabei ist das Sandwich sogar so sättigend, dass es locker als Mittag- oder Abendessen durchgeht.

Zubereitungsart
Herd & Feuer

Kochutensilien
Pfanne (+ Deckel) / Grillrost

Zubereitungszeit
45 Minuten

Menge
2 Portionen

Zutaten

1 Ciabatta
200 g Rumpsteak
20 g Butter
1 große Zwiebel
Handvoll Kresse
80 ml Rotweinessig
40 g brauner Zucker
2 EL Olivenöl
1 EL Senf

Zubereitung

1. Schäle die Zwiebel, halbiere sie und schneide sie in dünne Halbringe.
2. Bring die Butter zusammen mit 1 EL Olivenöl und dem Zucker in einer Pfanne zum Schmelzen. Brate nun die Zwiebelringe in der Pfanne an.
3. Füge Rotweinessig hinzu und lasse alles für ca. 30 Minuten bei niedriger Hitze zugedeckt köcheln.
4. Wasche in der Zwischenzeit das Steak, tupfe es mit Küchenpapier trocken und wickel es in Frischhaltefolie oder Backpapier. Klopfe es nun platt.
5. Solltest du zwei Pfannen besitzen, brate das Steak nun von allen Seiten mit 1 EL Olivenöl an – wir mögen es medium rare. Alternativ wartest du, bis die Zwiebeln fertig sind und stellst diese so zur Seite, dass sie warm bleiben.
6. Sobald dein Steak fertig ist, legst du es zum Ruhen zur Seite. Wenn du magst, kannst du es in Streifen schneiden.
7. Schneide das Ciabattabrot auf und bestreiche die untere Hälfte mit Senf. Darauf legst du die Zwiebeln, gefolgt vom Steak und der Kresse. Halbiere das Ciabattabrot und genieße dieses Geschmackserlebnis!

Sandwich mit Avocado, Speck und Käse

Kennst du diese Tage, an denen du immer wieder den Kühlschrank öffnest in der Hoffnung, dieser habe sich in den letzten 5 Minuten auf magische Weise gefüllt? An genau so einem Tag ist dieses Rezept entstanden. Wir hatten „nichts“ im Camper und dennoch genug, um dieses leckere Sandwich aus Avocado, Speck, Käse und Tomate zu zaubern – Zutaten, die du überall bekommst!

Zubereitungsart Herd & Feuer

Kochutensilien Pfanne/Grillrost

Zubereitungszeit 10 Minuten

Menge 2 Portionen

Zutaten

4 Scheiben Toastbrot
4 Scheiben Cheddar
4 Speckstreifen
1 Avocado
1 Tomate
20 g Butter

Zubereitung

1. Brate den Speck in einer Pfanne knusprig. Wickel ihn anschließend zum Abtropfen in Küchenpapier.

2. Halbiere in der Zwischenzeit die Avocado, entkerne und schneide sie genau wie die Tomate in Scheiben.

3. Bestreiche jeweils eine Seite der Toastbrotscheiben mit Butter. Lege bei 2 Brotscheiben jeweils auf die ungebutterte Seite zwei Scheiben Cheddar, gefolgt vom Speck, den Avocado- und Tomatenscheiben und einer weiteren Scheibe Toastbrot mit der Butterseite nach oben.

4. Brate das Sandwich solange in einer heißen Pfanne oder auf dem Grill, bis die Außenseiten braun sind und der Käse leicht geschmolzen ist – fertig!

Sandwich mit Lachs und Avocado

Lachs mit Avocado schmeckt mindestens genauso geil wie Speck mit Avocado! Mit diesem Rezept zauberst du dir ein leckeres und frisches Sandwich, das sich besonders mittags im Sommer als Snack eignet. Wir verwenden am liebsten Mehrkorn-Toastbrot, du kannst genauso helles oder Weißbrot nehmen. Und für den extra Kick reibst du etwas Limettenschale in die Frischkäse-Creme!

Zubereitungsart	**Kochutensilien**	**Zubereitungszeit**	**Menge**
Herd & Feuer	Pfanne/Grillrost	10 Minuten	2 Portionen

Zutaten

4 Scheiben Toastbrot

80 g Frischkäse

4 Scheiben Räucherlachs

1 EL Vollmilch

½ Avocado

½ Limette

1 Frühlingszwiebel

Schnittlauch

Salz & Pfeffer

Zubereitung

1. Entkerne die Avocado und schneide das Fruchtfleisch in Würfel. Wasche den Schnittlauch und schneide ihn in feine Ringe, genauso wie die Frühlingszwiebel.
2. Toaste das Brot in der Pfanne oder auf dem Grillrost goldbraun.
3. Mische währenddessen den Frischkäse mit der Milch in einer Schüssel und rühre solange, bis eine cremige Masse entsteht.
4. Gib nun die Schnittlauch- und Zwiebelringe zur Creme sowie etwas Limettensaft. Je nachdem, wie sauer du es magst, kannst du mehr oder weniger Saft verwenden. Für den extra Geschmackskick reibst du zudem etwas Limettenschale in die Creme. Würze die Creme anschließend leicht mit Salz und Pfeffer.
5. Beschmiere alle Toastbrotscheiben mit einer Schicht Frischkäsecreme. Lege auf jeweils zwei Toastbrotscheiben den Lachs, gefolgt von ein paar Würfeln Avocado und einer Toastbrotscheibe mit der beschmierten Seite nach unten – fertig!

Große Packung Räucherlachs gekauft?
Wenn du noch Räucherlachs übrig hast, zauber dir Lachstoast mit Honig-Senf-Soße auf S. 44 zum Frühstück!

Tuna Melt

Dieses Sandwich schreit nach Comfort Food: Salzig-fettige und nach Wunsch leicht scharfe Thunfischpaste vereint sich zwischen zwei Toastbrotscheiben mit würzigem Cheddar zu einem wahren Geschmacksorgasmus. Dabei kommt auch jede Menge Mayonnaise zum Einsatz. Und so verwundert es nicht, dass selbst Sebastian Fan von diesem Rezept ist, obwohl er konservierten Thunfisch nicht wirklich mag.

Zubereitungsart	Kochutensilien	Zubereitungszeit	Menge
Herd & Feuer	Pfanne (+ Deckel) / Grillrost	10 Minuten	2 Portionen

Zutaten

4 Scheiben Toastbrot
4 Scheiben Cheddar
½ Glas Thunfischfilets
50 g Mayonnaise
1 Frühlingszwiebel
1 Tomate
Butter
Salz & Pfeffer

Optional

5 g Paniermehl
Chiliflocken

Zubereitung

1. Schneide die Frühlingszwiebel in feine Ringe und die Tomate in dünne Scheiben.
2. Tropfe die Thunfischfilets ab und mische sie mit der Mayonnaise, den Frühlingszwiebeln und optional dem Paniermehl, bis du eine Art Paste hast.
3. Würze die Thunfischpaste nach Geschmack mit Salz, Pfeffer und Chiliflocken.
4. Beschmiere die Toastbrotscheiben von allen Seiten leicht mit Butter. Toaste sie in einer Pfanne oder auf dem Grill jeweils von einer Seite goldbraun.
5. Drehe die Scheiben um und lege auf 2 Scheiben jeweils 2 Scheiben Cheddar, gefolgt von der Thunfischpaste und 2 Scheiben Tomate. Danach platzierst du jeweils die andere Toastbrotscheibe darauf, die ungetoastete Seite schaut dabei nach oben.
6. Toaste das Sandwich nun wieder von beiden Seiten, bis es rundum goldbraun und der Käse geschmolzen ist. Wenn du einen Deckel zur Pfanne hast, nutze diesen: So schmilzt der Käse noch besser. Hole das Tuna Melt aus der Pfanne und schneide es diagonal durch – wenn der Cheddar Fäden zieht, ist es perfekt!

Nun ist Thunfisch übrig...

Den restlichen Thunfisch kannst du für Trampó auf S. 78 verwenden!

Lunch & Dinner

Der Tag, an dem wir auf knapp 3.000 Metern kein Gas mehr hatten

Es ist unser letzter Abend in den Westalpen und für diesen haben wir uns einen ganz besonderen Ort aufgehoben: den 2.805 Meter hohen Monte Jafferau in Italien. Von Bardonecchia folgen wir zunächst der asphaltierten Straße über die Orte Rivaux und Gleise bis wir nach unzähligen Serpentinen das Forte Föens erreichen. Vom Asphalt fehlt längst jede Spur, dafür verlassen wir langsam den Wald und können nur erahnen, welches Panorama sich uns später eröffnen wird.

Während links neben uns der Berg in die Höhe ragt, blicken wir rechts herunter ins Susatal. Dahinter erheben sich ebenso hohe Gipfel, die zum Teil schon zu Frankreich gehören. Nach einer scharfen Linkskurve, geht es nun immer weiter nach oben. Die Baumgrenze haben wir spätestens jetzt überschritten: Weit und breit sind nicht einmal mehr Sträucher zu sehen. Die Farbe Grün verliert sich in allerlei Grau- und Brauntönen.

Wir überqueren den Kamm und finden auf der anderen Seite eine karge Landschaft vor, die wir so mitten in Europa nicht erwartet hätten. Auf den letzten Kilometern passieren wir eine recht große und gut erhaltene Ruine, an der in der Vergangenheit anscheinend schon ein paar Offroader ihr Nachtlager aufgeschlagen haben.

Wir möchten aber noch weiter hinauf, bis zum eigentlichen Forte Jafferau. Diese bedeutende Festung wurde Ende des 19. Jahrhunderts erbaut und gehörte einst zum Vallo Alpino. Sie zählt zu den höchsten Befestigungsanlagen der Cottischen Alpen und um hierher zu gelangen, müssen wir noch eine schwierige Passage mit unserem Jeep meistern.

Am Gipfel angekommen, genießen wir eine 360°-Aussicht und entdecken in der Ferne sogar das Massiv rund um den fast 4.000 Meter hohen Mont Pelvoux mit seinem gleichnamigen Gletscherplateau. Neben uns, haben sich nur ein paar Motorradfahrer und Wanderer auf den Monte Jafferau verirrt. Erst später treffen wir auf ein anderes Paar, das wie wir in einem Allradfahrzeug unterwegs ist – zum Glück.

SAHARA
WRANGLER
UNLIMITED
BFGoodrich

» Nur das Knistern des Feuers und der Wind dringen in unsere Ohren. «

Denn wie sich herausstellt, passt der Anschluss unserer gerade erst gekauften Gasflasche nicht an unseren Campingkocher. Ferenc und Evelin kramen in ihrem Toyota herum und strecken uns eine noch volle Gasflasche entgegen: "This is for you guys". Sprachlos darüber, selbst auf fast 3.000 Metern Höhe mal wieder gezeigt zu bekommen, dass die Welt voller toller Menschen steckt, ist unser Mittagessen gerettet.

Am Abend entscheiden wir uns ein Lagerfeuer zu machen und finden noch eine Packung Fertigteig in unserer Kühlbox. Wie wäre es also mit Pizza? Gesagt, getan und wir holen unseren Dutch Oven vom Dach. Während das Feuer brennt, genießen wir das gigantische Bergpanorama. Sonnenstrahlen brechen durch die Wolkendecke, um uns herum ist es still. Nur das Knistern des Feuers und der Wind dringen in unsere Ohren.

Als die Glut heiß ist, stellen wir den Dutch Oven aufs Feuer und backen zunächst den Teig. Kurze Zeit später verteilen wir erst Tomatensoße und Mozzarella, dann Parmaschinken und Parmesan auf der Pizza. Es vergehen nochmals ein paar Minuten, bis wir den Dutch Oven vom Feuer nehmen, den Deckel öffnen und uns der typische Geruch frisch-gebackener Pizza entgegen strömt. Zum Schluss verteilen wir noch etwas Rucola und Olivenöl drüber – mmh. Und fast so gut wie beim Italiener unten im Tal, nur mit besserer Aussicht.

Gnocchi in cremiger Käsesoße

Käsesoße klingt immer gut! Insbesondere, wenn sich diese mit leckeren Gnocchi, knackigem Mais, getrockneten Tomaten und frischer Petersilie mischt. Dieses Gericht schmeckt an warmen Sommerabenden genauso gut wie an kalten Herbsttagen. Die Zutaten sind einfach zu bekommen und die Reste schmecken auch am nächsten Tag, egal ob kalt oder aufgewärmt – perfekt fürs Camping also!

Zubereitungsart	Kochutensilien	Zubereitungszeit	Menge
Herd	Topf & Pfanne (+ Deckel)	35 Minuten	3–4 Portionen

Zutaten

500 g Gnocchi
1 Becher Crème fraîche
30 g Hartkäse
1 Dose Mais
½ Glas getrocknete Tomaten
1 Packung Champignons
1 Stange Lauch
1 Knoblauchzehe
½ Bund Petersilie
1 Gemüsebrühwürfel
1 EL Butter
1 EL Olivenöl
½ TL Zucker
Salz & Pfeffer

Zubereitung

1. Schäle den Knoblauch und hacke ihn fein. Wasche den Lauch, halbiere ihn längs und schneide ihn in feine Streifen. Säubere die Champignons und halbiere/viertel sie je nach Größe. Tropfe den Mais ab und schneide die getrockneten Tomaten in dünne Streifen.
2. Koche gesalzenes Wasser in einem Topf auf und gare die Gnocchi nach Packungsanleitung. Tropfe sie in einem Sieb ab und stell sie beiseite.
3. Erhitze das Öl in einer Pfanne und brate die Champignons mit den Tomaten für 4-5 Minuten bei hoher Hitze und regelmäßigem Rühren scharf an. Würze sie mit Salz und Pfeffer, stell sie beiseite und säubere die Pfanne mit Küchenpapier.
4. Erwärme den Knoblauch mit der Butter kurz bei mittlerer Hitze in der Pfanne. Füge den Lauch und Zucker hinzu und lasse alles für ca. 5 Minuten anbraten.
5. Mische den Mais und den Brühwürfel unter und lösche es mit 50 ml Wasser ab.
6. Rühre die Crème fraîche unter, schmecke die Soße mit Salz ab und lasse sie für ca. 10 Minuten abgedeckt köcheln.
7. Zupfe währenddessen die Petersilienblätter von den Stängeln, hacke sie fein und reibe den Hartkäse fein.
8. Mische den Hartkäse und 1 EL Petersilie in die Soße, füge die Gnocchi, die Champignons und die Tomaten hinzu, rühre alles gut um und schmecke es mit Salz und Pfeffer ab. Serviere die Gnocchi auf einem Teller und streue etwas Petersilie drüber – jetzt geht's endlich ans Essen!

Nudeln mit getrockneten Tomaten und Büffelmozzarella

Lust auf ein Nudelgericht, das nicht nur leicht ist, sondern auch pures Sommerfeeling verspricht? Dann bist du genau richtig gelandet! Wir haben ein Rezept zusammengestellt, das die besten Zutaten Italiens kombiniert und sowohl abends als warme Mahlzeit als auch tagsüber als kalter Salat super lecker schmeckt. Am besten bereitest du also gleich die doppelte Portion zu!

Zubereitungsart Herd

Kochutensilien Topf & Pfanne

Zubereitungszeit 20 Minuten

Menge 2 Portionen

Zutaten

250 g Nudeln (z.B. Rigatoni/Penne)

1 Kugel Büffelmozzarella

Stück Parmesan

½ Zitrone

½ Handvoll Basilikum

¼ Handvoll Petersilie

3 Knoblauchzehen

½ Glas getrocknete Tomaten

1 EL Tomatenmark

½ TL Oregano

¼ TL Paprika/Chiliflocken (nach Schärfewunsch)

Olivenöl

Salz & Pfeffer

Zubereitung

1. Koche die Nudeln nach Packungsanleitung in reichlich gesalzenem Wasser. Schöpfe eine Tasse Nudelwasser ab, bevor du sie abgießt. Stelle die Nudeln zur Seite.

2. Schäle in der Zwischenzeit den Knoblauch und hacke ihn fein. Zupfe die Blätter vom Basilikum und hacke diese ebenfalls fein. Reibe Zitronenschale ab und den Parmesan grob.

3. Erhitze das Öl aus dem Glas der getrockneten Tomaten bei mittlerer Temperatur. Brate Knoblauch, Zitronenschale, die Hälfte des Basilikums und Gewürze 2–3 Minuten im Öl an. Füge das Tomatenmark hinzu und lasse es eine weitere Minute unter Rühren braten.

4. Gib ca. 100 ml Nudelwasser hinzu, verrühre die Soße und lasse sie aufkochen.

5. Füge die getrockneten Tomaten und Nudeln hinzu, vermenge alles miteinander und erhitze es. Mische ¾ des Parmesans unter bis dieser geschmolzen ist.

6. Füge den restliche Basilikum und die Petersilie hinzu und mische alles. Lasse die Soße mit den Nudeln 2–3 Minuten köcheln. Sollte sie zu trocken sein, fügst du weiteres Nudelwasser hinzu.

7. Serviere die Nudeln auf einem Teller, zupfe den Mozzarella sowie Basilikum und Petersilie darüber. Verteile den restlichen Parmesan über die Nudeln, träufle etwas Olivenöl drüber und würze die Nudeln nach Geschmack mit Salz und Pfeffer.

Garnelen-Knoblauch-Pasta mit Pesto und Rosé

Dieses Gericht klingt nicht nur fantastisch, sondern schmeckt auch so! Da du nur eine Handvoll Zutaten benötigst, eignet es sich perfekt fürs Camping. Wir kochen es am liebsten, wenn wir mit unserem Camper am Meer stehen und frische Meeresfrüchte bekommen. Dabei hat sich die Garnelen-Knoblauch-Pasta schnell ganz nach oben auf die Liste unserer Lieblingsgerichte katapultiert!

Zubereitungsart Herd | **Kochutensilien** Topf & Pfanne | **Zubereitungszeit** 15 Minuten | **Menge** 2 Portionen

Zutaten

200 g Sphagetthi
6-8 Riesengarnelen
150 ml Roséwein
50 g Parmesan
4 Knoblauchzehen
2 TL rotes Pesto
1 EL Olivenöl
Salz & Pfeffer

Zubereitung

1. Koche die Nudeln in reichlich gesalzenem Wasser nach Packungsanleitung nicht ganz al dente.
2. Schäle in der Zwischenzeit den Knoblauch und schneide ihn in feine Scheiben.
3. Trenne bei der Hälfte der Garnelen die Köpfe ab, schäle die Schwänze, schneide sie der Länge nach auf, entferne den schwarzen Darm und schneide das Fleisch in mundgerechte Würfel.
4. Brate die Garnelenköpfe gemeinsam mit den restlichen ganzen Garnelen und dem Öl bei mittlerer bis starker Hitze für ca. 2 Minuten in einer Pfanne an. Entferne die Garnelenköpfe und schmeiße sie weg.
5. Füge Garnelenfleisch und Knoblauch hinzu, und brate es für ca. 1 Minute mit an. Gib das Pesto hinzu, und brate es unter regelmäßigem Rühren mit an. Lösche die Garnelen mit dem Rosé ab und lasse den Wein für ca. 1 Minute einköcheln.
6. Reibe in der Zwischenzeit den Parmesan grob.
7. Sobald die Nudeln fertig sind, schöpfst du einen Becher Nudelwasser ab. Hol die Nudeln mihilfe einer Pastazange aus dem Topf, lasse sie kurz abtropfen und füge sie zur Soße in die Pfanne hinzu. Erhitze die Pasta für ca. 1 Minute und füge ggf. Nudelwasser und Pesto hinzu, sollte die Soße nicht ausreichen. Würze die Pasta mit Salz und Pfeffer, serviere sie auf einem Teller und bestreue sie mit Parmesan – buon appetito!

Spanische Tortilla

Wenn du am Ende deines Roadtrips viel Olivenöl übrig hast, zaubere dir doch eine Tortilla! Bei der spanischen Variante gart man die Kartoffeln in Olivenöl, während die Zwiebeln karamellisiert werden – das sorgt für den besonderen Geschmack. Für das richtige Verhältnis rechnest du mit zwei Eiern pro mittelgroßer Kartoffel, so wird die Tortilla innen schön feucht.

Zubereitungsart Herd	**Kochutensilien** Pfanne & Schüssel	**Zubereitungszeit** 45 Minuten	**Menge** 2 Portionen

Zutaten

4 Kartoffeln

8 Eier

1 weiße Zwiebel

Olivenöl

Salz

Zubereitung

1. Schäle die Kartoffeln und schneide sie in max. 1 cm breite und 5 cm lange Stücke.
2. Erhitze ordentlich Olivenöl in einer Pfanne und gare darin die Kartoffeln für ca. 15 Minuten. Sie müssen vollständig bedeckt sein, das Öl darf aber nicht zu heiß werden, damit die Kartoffel nicht frittieren. Sobald sie weich sind, holst du sie mit einer Schöpfkelle aus der Pfanne. Lasse sie auf Küchenpapier abtropfen, damit das Öl aufgesaugt wird.
3. Schäle in der Zwischenzeit die Zwiebel und schneide sie längs in Scheiben. Wenn die Kartoffeln fertig sind, brätst du sie mit etwas Öl in der Pfanne an, bis sie nach 10–15 Minuten karamellisieren.
4. Schlage währenddessen die Eier in einer Schüssel auf und füge etwas Salz hinzu.
5. Wenn die Zwiebeln fertig sind, gibst du sie mit den Kartoffeln zu den Eiern, vermengst alles und lässt es für ca. 15 Minuten ziehen.
6. Gieße die Tortilla-Mischung vorsichtig in die Pfanne und backe sie bei niedriger bis mittlerer Hitze. Achte darauf, dass die Tortilla weder verbrennt noch zu trocken wird.
7. Wende die Tortilla mithilfe eines großen Tellers und backe sie für ca. 6-8 Minuten von der anderen Seite. Die Eier sollten durch sein, das Innere der Tortilla schön feucht.
8. Lasse deine Tortilla für 10 Minuten abkühlen – sie schmeckt am besten lauwarm!

Tapas-Abend

Zur Tortilla kannst du noch weitere spanische Köstlichkeiten servieren, wie Pimientos de Padrón, Datteln im Speckmantel, gebratene Chorizo, Gambas al ajillo, Oliven oder Brot mit Aioli.

Bratkartoffeln mit Zwiebeln (und Speck)

An kalten und grauen Camper-Abenden machen wir uns gerne Bratkartoffeln. Damit diese gelingen, ist eine Zutat wichtig: Butterschmalz. Da dies nicht überall erhältlich ist, nehmen wir es gleich von zu Hause mit. Notfalls kannst du Butter oder Öl verwenden. Zu den Bratkartoffeln servieren wir gerne Spiegeleier und streuen Schnittlauch oder Frühlingszwiebeln drüber.

Zubereitungsart Herd | **Kochutensilien** Topf & Pfanne | **Zubereitungszeit** 45 Minuten | **Menge** 2 Portionen

Zutaten

500 g festkochende Kartoffeln

100 g Speckwürfel

1 große Zwiebel

1–2 EL Butterschmalz (alternativ Butter/Öl)

Salz & Pfeffer

Dazu schmeckt

Spiegeleier

Schnittlauch

Frühlingszwiebel

Zubereitung

1. Wasche die Kartoffeln und koche sie für ca. 20 Minuten mit Schale in einem Topf bis sie gar sind. Schrecke sie ab, entferne die Schale und schneide die Kartoffeln in gleich dicke Scheiben.

2. In der Zwischenzeit schälst du die Zwiebel und würfelst sie fein. Schneide optional Schnittlauch und/oder Frühlingszwiebeln in Ringe.

3. Brate den Speck in einer Pfanne knusprig und lege ihn anschließend auf Küchenpapier zur Seite.

4. Lasse das Butterschmalz in der Pfanne zergehen und brate die Kartoffelscheiben bei höchster Stufe zunächst von einer Seite an. Achte darauf, dass die Scheiben getrennt voneinander sind und gleichmäßig braten. Sobald die eine Seite kross ist, wendest du die Kartoffeln und brätst sie von der anderen Seite.

5. Wenn beide Seiten rundum kross sind, fügst du die Zwiebeln hinzu und brätst alles für weitere ca. 5 Minuten bei hoher Hitze.

6. Sobald die Zwiebeln goldbraun sind, hebst du die Speckwürfel unter und würzt die Bratkartoffeln mit Salz und Pfeffer.

7. Optional: Hol die Bratkartoffeln aus der Pfanne und brate Spiegeleier in dieser.

8. Serviere die Bratkartoffeln nach Geschmack mit Spiegeleiern, Schnittlauch und/oder Frühlingszwiebeln.

Klassische Pfannkuchen

Ob süß mit Apfel, Zimt und Zucker, oder herzhaft mit Käse und Schinken, Pfannkuchen schmecken jedem und sind super schnell gemacht. Alles, was du für den Klassiker brauchst, sind Eier, Mehl und Milch. Fürs Topping verwendest du Zutaten, die du schon im Camper hast. Und um deine Pfannkuchen noch fluffiger zu bekommen, fügst du etwas Sprudelwasser zum Teig hinzu!

Zubereitungsart	Kochutensilien	Zubereitungszeit	Menge
Herd & Feuer	Pfanne	20 Minuten	4 Portionen

Zutaten

250 g Mehl
300 ml Milch
100 ml Sprudelwasser
4 Eier
1 Prise Zucker
1 Prise Salz
Butterschmalz

Fürs Topping

Zimt & Zucker (& Apfel)
Nuss-Nougat-Creme
Käse & Champignons
Käse & Schinken

Zubereitung

1. Mixe die Eier mithilfe eines Schneebesens mit der Milch, dem Zucker und dem Salz. Füge nun das Sprudelwasser hinzu, siebe das Mehl und mische es ebenfalls nach und nach unter bis du einen glatten Teig hast. Je nachdem, fügst du noch etwas Wasser, Milch oder Mehl hinzu, sodass du die gewünschte Konsistenz erreichst.

2. Erhitze ca. 1 EL Butterschmalz in einer Pfanne und gib eine Kelle Teig in die Pfanne. Verteile diesen gleichmäßig, indem du die Pfanne kurz in jede Richtung schwenkst. Backe den Pfannkuchen nun von jeder Seite jeweils 1–2 Minuten goldbraun – fertig!

Süß oder salzig?

Je nachdem, ob du es süß oder herzhaft möchtest, passt du die Menge von Salz oder Zucker im Teig einfach an.

Quesadillas mit Hähnchen, Paprika und Zwiebeln

Quesadillas sind eines der leckersten Gerichte Mexikos und noch dazu schnell und einfach zubereitet. Genieße sie zum Mittag- oder Abendessen, oder als herzhaften Snack zwischendurch. Dabei kannst du sie nach Lust und Laune füllen, Hauptsache es ist viel Käse drin. Das Besondere an unserem Quesadilla-Rezept ist die Gewürzmischung, die für den extra Geschmackskick sorgt!

Zubereitungsart	Kochutensilien	Zubereitungszeit	Menge
Herd & Feuer	Pfanne/Grillrost	20 Minuten	2 Portionen

Zutaten

1 Hähnchenbrustfilet
2 Wraps
Handvoll Käse (z.B. Gouda/Cheddar)
½ grüne Paprika
½ rote Paprika
½ gelbe Paprika
½ Zwiebel
1 EL Pflanzenöl
1 EL Kreuzkümmel
1 TL Cayennepfeffer
1 TL Oregano
1 EL Paprikapulver
1 TL Knoblauchpulver
1 TL Zwiebelpulver
1 TL Salz
1 TL Pfeffer

Dazu schmeckt

Limette
Crème fraîche

Zubereitung

1. Wasche das Hähnchen, tupfe es trocken und schneide es in mundgerechte Stücke.
2. Vermenge alle Gewürze in einer Schüssel und reibe die Hähnchenstücke von allen Seiten mit dieser ein.
3. Brate das Hähnchen mit etwas Öl von allen Seiten in einer Pfanne bis es durch ist. Hol es raus und säubere die Pfanne mit Küchenpapier.
4. Schäle in der Zwischenzeit die Zwiebel, halbiere sie und schneide sie in Streifen. Wasche die Paprika und schneide sie jeweils in Streifen. Reibe den Käse.
5. Brate Zwiebeln und Paprika mit etwas Öl in der Pfanne bis sie weich sind. Hol sie aus der Pfanne und säubere diese erneut mit Küchenpapier.
6. Belege die Wraps hälftig mit Käse, gefolgt von Hähnchen, Zwiebeln und Paprika. Klappe sie zu und brate die Wraps von beiden Seiten, bis sie braun sind und der Käse geschmolzen ist.
7. Schneide aus jedem Wrap drei Quesadillas (Dreiecke) und serviere sie optional mit Crème fraîche und Limettensaft – yummy!

Chicken-Nuggets-Salat mit Kartoffeln

Dieser leckere Salat aus Kartoffelscheiben, die in einem würzigen Dressing ziehen, nussigem Feldsalat und zarten Chicken-Nuggets schmeckt sowohl mittags als auch abends. Unser Tipp: Bereite dir gleich die doppelte Menge zu und genieße den Salat nochmal am nächsten Tag oder schichte ihn in einem Einweckglas übereinander, sodass du ihn auf einen Ausflug mitnehmen kannst!

Zubereitungsart Herd | **Kochutensilien** 2 Töpfe & Pfanne | **Zubereitungszeit** 30 Minuten | **Menge** 2 Portionen

Zutaten

2 Hähnchenbrustfilets
5 festkochende Kartoffeln
2 Handvoll Feldsalat
1 Zitrone
Lorbeerblatt
Salz & Pfeffer

Fürs Dressing

½ kleine Zwiebel
1 TL Honig
1 TL Senf
125 ml Gemüsebrühe
3 EL weißer Balsamicoessig
3 EL Olivenöl
½ Tl Salz

Für die Panade

1 Ei
Mehl
Brösel
Frittieröl

Zubereitung (1 Stunde Ziehzeit)

1. Koche die Kartoffeln mit dem Lorbeerblatt bissfest.
2. Schäle in der Zwischenzeit die Zwiebel, halbiere sie und schneide eine Hälfte in feine Würfel. Mische die Zwiebelwürfel mit den restlichen Zutaten fürs Dressing in einer Schüssel.
3. Sobald die Kartoffeln fertig sind, schälst du sie, schneidest sie in dünne Scheiben und gibst sie zum Dressing. Menge sie vorsichtig unter und lass sie mindestens eine Stunde ziehen.
4. Wasche das Hähnchen, tupfe es trocken, schneide es in mundgerechte Stücke, salze es leicht und paniere es anschließend.
5. Brate das Hähnchen im heißen Frittieröl von allen Seiten gleichmäßig goldbraun, und lasse es anschließend auf Küchenpapier abtropfen.
6. Wasche den Feldsalat und lasse diesen ebenfalls abtropfen.
7. Serviere die Kartoffeln gemeinsam mit dem Salat und den Chicken-Nuggets auf einem Teller. Wenn du magst, kannst du auch noch Ketchup dazu essen.

Salat to-go

So schichtest du den Salat richtig: Unten die Kartoffeln samt Dressing, in der Mitte der Feldsalat und zum Schluss die Chicken-Nuggets.

Geschmortes Schweinefilet mit Rahmchampignons

Die Mischung aus Muskatnuss, Thymian und edelsüßem Paprikapulver verleiht der Sahnesoße, in der das Schweinefilet und die Champignons köcheln, einen unwiderstehlich leckeren Geschmack. Zwar braucht das Gericht etwas länger, dafür ist es super leicht zubereitet und noch dazu kalorienarm. Wir achten jedoch nicht so sehr auf Kalorien und essen gerne Brot oder Spätzle dazu.

Zubereitungsart	Kochutensilien	Zubereitungszeit	Menge
Herd & Feuer	Pfanne	45 Minuten	2 Portionen

Zutaten

200 g Schweinefilet
100 ml Sahne
400 g braune Champignons
1 kleine Zwiebel
4 TL Butter
3 EL Kokosfett
1 EL Tomatenmark
400 ml Rinderbrühe
1 TL edelsüßes Paprikapulver
½ TL Thymian
Muskat
Salz & Pfeffer

Dazu schmeckt

Baguette
Bauernbrot
Spätzle

Zubereitung

1. Entferne ggf. Sehnenreste vom Schweinefilet, schneide es in ca. 4 cm große Würfel und würze es von allen Seiten ordentlich mit Salz und Pfeffer.
2. Erhitze das Kokosfett in einer Pfanne und brate das Fleisch von allen Seiten 5 Minuten gleichmäßig an bis es goldbraun ist.
3. Schäle die Zwiebel in der Zwischenzeit und schneide sie in Streifen. Brate sie mit dem Fleisch für ca. 10 Minuten an, bis alles stark gebräunt ist. Rühre das Tomatenmark unter und lasse es für eine Minute mit anbraten.
4. Gieße die Brühe hinzu, lege den Deckel drauf und lasse alles für ca. 30 Minuten in der Pfanne schmoren. Sollte nicht genug Flüssigkeit übrig sein, kippst du heißes Wasser nach.
5. Säubere in der Zwischenzeit die Champignons und schneide sie in Viertel. Brate sie in einer separaten Pfanne mit Butter an. Sobald sie braun sind, fügst du sie zur Fleischpfanne hinzu.
6. Füge nun die Sahne zum Fleisch hinzu und lasse alles bei starker Hitze für 4–5 Minuten einkochen, bis du eine wunderbar cremige Soße hast.
7. Würze das Gericht nach Geschmack mit Muskat, Paprikapulver, Thymian sowie mit Salz und Pfeffer – fertig!

Keine zwei Pfannen?

Solltest du keine zwei Pfannen dabei haben, fang mit Schritt 5 an und brate zuerst die Champions, stelle sie zur Seite und füge sie später zum Fleisch in die Pfanne hinzu.

Steak mit Rucola, Pesto, Pinienkernen und Parmesan

Wenn es mittags schnell gehen soll und wir Lust auf etwas Frisches haben, zaubern wir uns gerne dieses Gericht. Dabei könnten die Zutaten nicht besser harmonieren: Nussiger Rucola, grünes Pesto, salziger Parmesan und leicht süße Pinienkerne schmecken hervorragend zum saftigen Steak. Dabei kannst du selbst entscheiden, ob du es in der Pfanne oder auf dem Grill zubereitest.

Zubereitungsart Herd & Feuer

Kochutensilien Pfanne/Grillrost

Zubereitungszeit 15 Minuten

Menge 2 Portionen

Zutaten

1 Steak
Stück Parmesan
Handvoll Rucola
2 EL Pinienkerne
2 TL grünes Pesto
Olivenöl
Salz & Pfeffer

Zubereitung

1. Röste die Pinienkerne in einer Pfanne unter regelmäßigem Schwenken und stelle sie anschließend zur Seite.
2. Wasche das Steak, tupfe es trocken und würze es mit Salz und Pfeffer. Brate es mit etwas Olivenöl in einer Pfanne je nach Geschmack für ein paar Minuten pro Seite an. Lege es anschließend zur Seite, lasse es ein wenig ruhen und schneide es dann in Streifen.
3. Hobel in der Zwischenzeit den Parmesan und wasche sowie trockne den Rucola.
4. Verstreiche jeweils 1 TL Pesto auf einem Teller, verteile die Steakstreifen hälftig und häufe jeweils den Rucola und die Parmesanhobel darauf. Verteile anschließend die Pinienkerne über dem Rucola und beträufle alles mit etwas Olivenöl.

Weißweinrisotto mit Parmesan

Wenn es ein Gericht gibt, das nahezu synonym mit dem Begriff "schlotzig" verwendet wird, dann Risotto! Dabei steht schlotzig für eine wunderbar cremige Konsistenz. Egal, ob es draußen stürmt oder eine laue Sommernacht bevorsteht, ein Risotto schmeckt immer! Zudem ist es leicht gemacht und kann beliebig aufgepeppt werden, sei es mit Pilzen, Scampi oder Steak.

Zubereitungsart Herd

Kochutensilien Topf

Zubereitungszeit 20 Minuten

Menge 2 Portionen

Zutaten

200 g Risottoreis
100 g Parmesan
200 ml trockener Weißwein
500 ml Gemüsebrühe
1 Schalotte
1 Knoblauchzehe
3 EL Olivenöl
1 EL Butter
Salz & Pfeffer

Zubereitung

1. Bereite in einem Topf 500 ml Gemüsebrühe zu.
2. Schäle in der Zwischenzeit Schalotte und Knoblauch, und schneide beide in feine Würfel.
3. Solltest du zwei dabei haben, verwende nun einen anderen Topf. Wenn nicht, schütte die Gemüsebrühe in ein Gefäß, stelle sie beiseite und nutze diesen Topf. Dünste Schalotte und Knoblauch mit Olivenöl im Topf an. Füge den Risottoreis hinzu und lasse ihn anschwitzen.
4. Sobald der Reis glasig ist, löschst du ihn mit Weißwein ab und lässt diesen einreduzieren.
5. Füge innerhalb von 15–20 Minuten nach und nach heiße Gemüsebrühe direkt vom Topf hinzu, sofern du zwei dabei hast.
6. Reibe in der Zwischenzeit den Parmesankäse und stelle die Hälfte beiseite.
7. Sobald die Brühe verbraucht ist, rühre Butter und die Hälfte vom Parmesan unters Risotto. Es sollte eine cremig-schlotzige Konsistenz haben, aber leicht bissfest sein.
8. Würze das Risotto mit Pfeffer und etwas Salz, richte es auf einem Teller an und bestreue es mit dem restlichen Parmesan.

Spaghetti mit Rucola und Garnelen in Tomaten-Weißweinsoße

Diese sommerlich-leichte Pasta gehört zu unseren Lieblingsrezepten, wenn es schnell gehen und trotzdem besonders schmecken soll. Garnelen werden mit Knoblauch angebraten und köcheln dann in einer Tomaten-Weißweinsoße, die dank Zitronenschale und Chili für einen angenehm scharf-frischen Geschmackskick sorgt. Dazu genießt du Rucola, Kirschtomaten und frisch geriebenen Parmesan.

Zubereitungsart	Kochutensilien	Zubereitungszeit	Menge
Herd	Topf & Pfanne	15 Minuten	2 Portionen

Zutaten

250 g Spaghetti
Handvoll Garnelen
Stück Parmesan
2 Handvoll Rucola
Handvoll Kirschtomaten
1 Zitrone
1 Knoblauchzehe
½ Tasse trockener Weißwein
1 EL Tomatenmark
Olivenöl
Zucker
Salz & Pfeffer

Optional

Chiliflocken

Zubereitung

1. Setze das Nudelwasser auf, salze es ordentlich und koche die Spaghetti nach Packungsanleitung al dente.

2. Bereite in der Zwischenzeit die Soße zu. Schäle den Knoblauch, schneide ihn in kleine Würfel und brate ihn mit den Garnelen und etwas Olivenöl in einer Pfanne an. Achte darauf, dass der Knoblauch nicht zu braun wird.

3. Sobald die Garnelen gar sind, löschst du sie mit Weißwein ab und lässt ihn kurz einreduzieren. Rühre anschließend Tomatenmark unter, bis die Soße gleichmäßig rot ist.

4. Schmecke die Soße mit frisch geriebener Zitronenschale, Salz, Pfeffer und etwas Zucker ab. Füge nach Geschmack Chili hinzu, um der Soße mehr Pepp zu geben. Sollte es nicht genug Soße sein, fügst du mehr Wein oder Nudelwasser und mehr Tomatenmark hinzu.

5. Lasse die Soße bei niedriger Temperatur ein paar Minuten einköcheln. Wasche in der Zwischenzeit den Rucola und die Kirschtomaten. Halbiere oder viertel die Tomaten je nach Größe.

6. Sobald die Spaghetti fertig sind, mischst du sie mit einer Pastazange direkt in die Soße.

7. Gib die Nudeln auf Teller und verteile mittig den Rucola und die Tomaten. Reibe zum Schluss Parmesan darüber – buon appetito!

Spaghetti mit Birnen-Gorgonzola-Soße

Dieses Gericht klingt komplizierter als es ist, erinnert mehr an Sterne- als an Camperküche und überrascht mit seinen vielen Geschmackskomponenten: Die Süße der Birne ist das perfekte Pendant zum würzig-kräftigen Gorgonzola. Gemeinsam bilden sie eine wunderbar cremige Pastasoße, zu denen du leicht bitteren Rucola-Salat und geröstete Walnüsse genießt.

Zubereitungsart	Kochutensilien	Zubereitungszeit	Menge
Herd	Topf & Pfanne	25 Minuten	2 Portionen

Zutaten

250 g Spaghetti
100 g Gorgonzola
25 g Walnüsse
25 g Parmesan
1 Handvoll Rucola
1 Birne
1 Schalotte
1 Zweig Rosmarin
½ Bund Petersilie
1 Chilischote
Salz & Pfeffer

Fürs Dressing

1 EL Olivenöl
2 TL Essig
3 EL Wasser
Salz & Pfeffer

Zubereitung

1. Bringe gesalzenes Wasser zum Kochen. Schneide die Chili längs auf und gib eine Hälfte ins Wasser, hacke die andere fein. Entferne ca. 10 Rosmarinnadeln und gib den Zweig ins Wasser. Koche die Nudeln al dente.
2. Hacke Petersilie und Rosmarin fein, und reibe den Parmesan fein. Vermenge alles mit gehackter Chili. Stelle es beiseite.
3. Wasche, viertel, entkerne und schneide die Birne in dünne Scheiben. Schäle die Schalotte und würfle sie fein. Zupfe den Gorgonzola in Stücke.
4. Mische Öl, Essig und Wasser, würze es mit Salz und Pfeffer, und vermenge das Dressing mit dem Rucola. Stelle den Salat beiseite.
5. Röste die Walnüsse für 1-2 Minuten in einer Pfanne. Nimm sie raus, hacke sie grob und stelle sie beiseite.
6. Brate Birne und Schalotte mit 1 TL Öl für ca. 4 Minuten an. Würze sie mit einer kräftigen Prise Salz und Pfeffer.
7. Sobald die Spaghetti fertig sind, gießt du sie ab und fängst ca. 300 ml Nudelwasser auf. Entferne Chili und Rosmarin.
8. Gib die Pasta und den Gorgonzola in die Pfanne und vermenge alles. Füge ca. 200 ml Nudelwasser hinzu und erwärme die Pasta. Wenn nötig, gib weiteres Wasser hinzu. Sobald der Gorgonzola geschmolzen und eine cremige Soße entstanden ist, würze die Pasta mit Salz und Pfeffer.
9. Verteile die Pasta auf Tellern, garniere sie mit dem Kräuter-Hartkäse-Mix und den Nüssen und richte sie mit dem Salat an.

Hähnchen-Salat-Wraps mit Apfel

Wraps sind ein klassisches Camping-Gericht: Einerseits sind sie schnell zubereitet, andererseits eignen sie sich super, um Reste zu verwerten. Mit diesem Rezept zauberst du jedoch etwas ausgefallenere Wraps, die trotzdem fix und leicht gemacht sind. Dabei sorgen saftiges Hähnchen, knackiger Apfel und frische Gurke für einen unerwartet leckeren Geschmackskick!

Zubereitungsart Herd

Kochutensilien Pfanne & Schüssel

Zubereitungszeit 25 Minuten

Menge 2 Portionen

Zutaten

4 Wraps/Tortillas
1 Hähnchenbrustfilet
1 Packung gemischter Salat
1 roter Apfel
1 kleine Gurke
1 rote Zwiebel
½ Bund Estragon
1 EL Olivenöl
Salz & Pfeffer

Fürs Dressing

½ Zitrone
2 EL Olivenöl
1 EL Essig
1–2 TL Zucker

Zubereitung

1. Schäle die Zwiebel, halbiere sie und schneide sie in feine Ringe. Wasche den Apfel, viertel und entkerne ihn, und schneide ihn in dünne Scheiben. Wasche die Gurke, halbiere sie längs und schneide sie in dünne Scheiben. Wasche und trockne den Estragon, zupfe die Blätter ab und hacke sie fein.

2. Wasche das Hähnchen, tupfe es trocken, schneide es in mundgerechte Stücke und würze es mit Salz, Pfeffer und ⅓ des Estragons.

3. Erhitze 1 EL Öl in einer Pfanne und brate das Hähnchen bei mittlerer Hitze gleichmäßig für 3–4 Minuten an. Sobald es fertig ist, holst du es raus und stellst es so beiseite, dass es warm bleibt.

4. Presse in der Zwischenzeit die Zitrone aus und mische fürs Dressing 2 EL Saft, mit 2 EL Olivenöl, 1 EL Essig, 2 EL Wasser und 1–2 TL Zucker.

5. Wenn das Hähnchen fertig ist, gibst du das Dressing zum Bratensaft in die Pfanne, verrührst es und lässt es bei mittlerer Hitze köcheln und ca. zur Hälfte einreduzieren.

6. Sobald das Dressing fertig ist, vermengst du es mit dem Hähnchen, den Apfel- und Gurkenscheiben, den Zwiebelringen und dem restlichen Estragon in einer Schüssel zu einem Salat.

7. Säubere die Pfanne mit Küchenpapier und erwärme nach und nach die Wraps. Fülle sie mit dem Salat und lasse es dir schmecken!

Steak Tortillas

Das Besondere an diesen Tortillas ist die Mischung aus einem frischen Limetten-Joghurt-Dressing, in Zucker-Essig eingelegter Zwiebel, knackigem Romasalat, erfrischender Gurke, süßer Tomate, saftigem Steak und scharfer Chili. Na, läuft dir allein beim Lesen dieser Zeilen das Wasser im Mund zusammen? Dann freue dich jetzt schon auf den ersten Biss, so lecker sind die Tortillas!

Zubereitungsart Herd & Feuer | **Kochutensilien** Pfanne/Grillrost | **Zubereitungszeit** 30 Minuten | **Menge** 2 Portionen

Zutaten

4 Tortillas
1 Steak
4 EL Joghurt
1 Romasalat
1 Minigurke
1 Tomate
1 rote Zwiebel
1 Limette
1 Chilischote
Weißweinessig
Olivenöl
Zucker
Salz & Pfeffer

Zubereitung

1. Schäle die Zwiebel, halbiere und schneide sie in feine Streifen. Mische 2 EL Essig, 2 EL heißes Wasser, 1 TL Zucker und ½ TL Salz. Sobald sich Salz und Zucker aufgelöst haben, fügst du die Zwiebel hinzu und stellst sie beiseite.

2. Schneide den Salat in breite Streifen, die Tomate in dünne Scheiben und die Gurke ebenfalls (Julienne Style). Schneide die Chilischote in feine Ringe. Solltest du es nicht ganz so gerne scharf mögen, entferne vorher die Kerne.

3. Reibe die Schale der Limette fein ab, halbiere die Limette und presse eine Hälfte aus. Schneide die andere Hälfte in Spalten und lege sie zur Seite.

4. Mische den Joghurt nach Geschmack mit der Limettenschale und dem -saft, und würze ihn mit Salz und Pfeffer.

5. Wasche das Steak, tupfe es trocken, würze es mit Salz und Pfeffer und brate es mit etwas Olivenöl von beiden Seiten nach Geschmack ein paar Minuten scharf in einer Pfanne an. Nimm es aus der Pfanne, lege es zur Seite und lasse es ein paar Minuten ruhen. Schneide es anschließend in Streifen.

6. Wärme währenddessen die Tortillas nacheinander in einer Pfanne kurz auf, bis sie weich werden.

7. Serviere die Tortillas mit Salat, Tomate, Gurke, Steak, den eingelegten Zwiebeln, Chili und Joghurt. Spritz noch etwas Limettensaft drüber – fertig!

Vegetarische Lagerfeuer-Nachos

Nachos sind Comfort-Food, das jeden glücklich macht! Wir haben ein Rezept entwickelt, das du bequem beim Campen zubereiten kannst, ob überm Feuer oder auf dem Herd. Dabei kannst du die Nachos nach Belieben garnieren: Neben Avocado oder Guacamole schmeckt Crème fraîche super dazu, während ein Spritzer Limettensaft und Koriander für den extra Geschmackskick sorgen!

Zubereitungsart Herd & Feuer

Kochutensilien Pfanne/Dutch Oven

Zubereitungszeit 20 Minuten

Menge 2 Portionen

Zutaten

250 g Tortilla-Chips

150 g geriebener Käse (Cheddar/Gouda)

4 Eier

1 Packung passierte Tomaten

1 Dose Kidneybohnen

1 Avocado

1 rote Zwiebel

1 Frühlingszwiebel

1 Limette

Olivenöl

Chiliflocken

Salz & Pfeffer

Fürs Dressing

Crème fraîche

Koriander

Zubereitung

1. Schäle die Zwiebel und schneide sie in kleine Würfel. Wasche die Frühlingszwiebel und schneide sie in feine Ringen. Halbiere die Avocado, entkerne sie und schneide das Fruchtfleisch in mundgerechte Stücke.

2. Erhitze Olivenöl in einer Pfanne oder im Dutch Oven und brate die Tortilla-Chips für wenige Minuten an. Achte darauf, dass die Chips nicht anbrennen – das passiert schnell! Hole die Chips anschließend raus und stelle sie zur Seite.

3. Erhitze erneut Olivenöl und brate die Zwiebeln in der Pfanne glasig. Füge die passierten Tomaten und Kidneybohnen hinzu. Verrühre die Soße und würze sie nach Geschmack mit den Chiliflocken, Salz und Pfeffer.

4. Füge Chips und Avocado hinzu, und verteile den geriebenen Käse drüber.

5. Drücke mithilfe eines Löffels vier Löcher mit gleichem Abstand in die Nachos und gieße hier jeweils die Eier ein.

6. Bedecke die Pfanne mit einem Deckel und lasse alles so lange bei niedriger Hitze köcheln, bis die Eier gar und der Käse geschmolzen sind.

7. Verteile die Nachos auf Tellern, presse frischen Limettensaft darüber und richte sie nach Geschmack mit Korianderblättern und Crème fraîche an – fertig ist die Gaumenfreude!

Burrito Bowl

Bowls eignen sich perfekt zum Campen: Sie sind schnell und ohne viel Aufwand gemacht. Zudem kannst du super Reste verwerten und sie nach deinem Geschmack anpassen. Unser Favorit ist eine Burrito Bowl mit Avocado, Kidneybohnen, Rinderhack, Crème fraîche und Tortilla-Chips. Für die vegane Variante nutzt du Sojahack und Creme Vega, und für noch mehr Schärfe frische Jalapeño.

Zubereitungsart Herd

Kochutensilien Topf & Pfanne

Zubereitungszeit 35 Minuten

Menge 2 Portionen

Zutaten

¾ Tasse Basmatireis
250 g Rinderhack
2 EL Crème fraîche
1 Dose Kidneybohnen
½ Dose Mais
1 Avocado
2 Tomaten
2 rote Zwiebeln
3 Limetten
½ TL Kreuzkümmel
½ TL Chiliflocken
Olivenöl
Butter
Salz & Pfeffer

Dazu schmeckt

Tortilla-Chips
Koriander
Jalapeño

Zubereitung

1. Bringe den Reis mit der doppelten Menge Wasser zum Kochen. Lasse ihn anschließend bei niedriger Hitze 15 Minuten köcheln.
2. Wasche die Tomaten, schäle die Zwiebeln und schneide beides in Würfel. Hacke optional den Koriander und schneide die Jalapeño in feine Ringe.
3. Brate ca. 2 EL Zwiebeln mit etwas Öl, Hackfleisch und Kidneybohnen samt Flüssigkeit in einer Pfanne an. Würze alles nach Geschmack mit ½ TL Kreuzkümmel, ½ TL Chiliflocken, Salz, Pfeffer, und nach Belieben mit ½ Jalapeño und 1–2 TL Koriander. Lasse sie ca. 10 Minuten köcheln, bis die Flüssigkeit andickt.
4. Mische Mais samt Flüssigkeit mit 1 EL Zwiebeln, 1 EL Limettensaft, 1 TL Öl, etwas Salz und ggf. 1 TL Koriander.
5. Mische für die Pico de Gallo Tomate mit 1 EL Zwiebeln, 1 EL Limettensaft, 1 TL Öl, Salz und ggf. ½ Jalapeño und 1 TL Koriander.
6. Zerdrücke für die Guacamole das Fruchtfleisch der Avocado mit 1 TL Limettensaft, 1 EL Zwiebeln, Salz und ggf. 1 TL Koriander.
7. Lasse den Reis nach dem Kochen 5 Minuten ruhen. Locker ihn auf und mische 1 EL Butter, 1 EL Limettensaft, Salz und ggf. 1 TL Koriander unter.
8. Für deine Bowls verteilst du den Reis und die Hack-Bohnen-Mischung am Boden deiner Schüsseln, sodass am Rand ein Haufen entsteht. Daneben häufst du den Mais-Mix und die Pico de Gallo. In der Mitte verteilst du die Guacamole und 1 EL Crème fraîche – dazu schmecken Tortilla-Chips besonders lecker!

Sushi Bowl

Gerade an warmen Sommerabenden schmeckt diese Sushi Bowl super! Dabei ist sie nicht nur lecker, sondern auch gesund und blitzschnell zubereitet – und viel Abspülen musst du im Anschluss auch nicht. Wir essen super gerne Sushi, jedoch ist die Zubereitung der Rollen im Camper etwas aufwendig. Wenn wir dennoch Lust auf Sushi bekommen, zaubern wir uns einfach diese Bowl!

Zubereitungsart Herd | **Kochutensilien** Topf | **Zubereitungszeit** 15 Minuten | **Menge** 2 Portionen

Zutaten

1 Tasse Sushi-Reis
250 g Lachs
1 Avocado
¼ Gurke
2 EL eingelegter Ingwer (Gari)
4 EL (japanische) Sojasauce
1 TL Wasabi
2 TL Sesam

Zubereitung

1. Mische 1 Tasse Sushi-Reis mit 2 Tassen Wasser in einem Topf. Sobald das Wasser kocht, lässt du den Reis auf niedrigster Hitze ca. 10 Minuten köcheln, bis das Wasser komplett verkocht ist.

2. Wasche in der Zwischenzeit den Lachs unter fließend Wasser, tupfe ihn mit Küchenpapier trocken und schneide ihn in dünne Streifen. Halbiere die Avocado, entkerne sie und schneide das Fruchtfleisch ebenfalls in dünne Streifen. Halbiere die Gurke längs und schneide sie dann quer in mundgerechte Stücke.

3. Mixe die Sojasauce mit dem Wasabi und stelle diese beiseite. Passe die Menge des Wasabis je nach Geschmack und Schärfewunsch an.

4. Sobald der Reis fertig ist, teilst du ihn hälftig auf zwei Schüsseln auf. Nun verteilst du Lachs, Avocado, Gurke und Ingwer auf dem Reis.

5. Träufle über jede Bowl etwas von der Wasabi-Sojasauce und jeweils 1 TL Sesam – fertig! Beim Essen tunkst du die Lachsstreifen in die restliche Sojasauce, so wie beim Sushi-Essen.

Pro-Tipp

Für einen noch besseren Geschmack, wäschst du den Reis vorm Kochen im Wasser, und zwar solange bis das Wasser möglichst klar ist.

Lachs in Honig-Limettensaft

Bei diesem Lagerfeuer-Rezept suhlt sich Lachs zunächst in einer fruchtig-süßen Marinade aus Honig und Limettensaft. Danach gart er für wenige Minuten in einem Alupäckchen in der heißen Glut. Das Besondere: So bleibt der Lachs wunderbar saftig! Kein Feuer? Dann brate den Lachs in der Pfanne an und übergieße ihn dabei immer wieder mit der Marinade – schmeckt ebenfalls lecker!

Zubereitungsart
Herd & Feuer

Kochutensilien
Pfanne/Grillrost + Alufolie

Zubereitungszeit
10 Minuten

Menge
2 Portionen

Zutaten

500 g Lachsfilet (mit Haut)

4 Limetten

2 EL Honig

Salz & Pfeffer

Dazu schmeckt

Kartoffeln

Mango-Kokos-Salat

Mango-Avocado-Salat

Zubereitung

1. Presse die Limetten aus und mische den Saft mit dem Honig in einem Behälter. Salze und pfeffer die Marinade leicht.
2. Wasche das Lachsfilet, tupfe es trocken und entferne ggf. Gräten. Schneide es in 2-4 gleich breite Streifen und lasse diese für mind. 5 Minuten in der Marinade ziehen.
3. Lege je nach dicke und Qualität der Alufolie 2–3 große Blätter Folie übereinander, platziere die Lachsfiletstreifen mittig und gieße die Honig-Limetten-Marinade drüber. Falte nun alle Seiten zur Mitte hin, sodass ein Alupäckchen entsteht.
4. Lege das Päckchen in die heiße Glut und lasse den Lachs darin 5–10 Minuten garen. Der Lachs sollte zwar durch, aber dennoch rosa und schön saftig sein, dann ist er fertig. Genieße deinen Lachs pur, mit Kartoffeln oder einem unserer Mango-Salate!

Mango-Salate

Unseren Mango-Avocado-Salat findest du auf S. 72 und den Mango-Kokos-Salat auf S. 74.

Knuspriger Tintenfisch mit Avocadomus

Dieses Gericht überzeugt mit wenigen Zutaten, die zusammen für eine wahre Geschmacksexplosion sorgen! Limette verleiht dem cremigen Avocadomus einen besonders frischen Geschmack und harmoniert perfekt mit der Chilisoße und dem frittierten Tintenfisch. Wenn du in deinem Camper nicht frittieren möchtest, kannst du den Tintenfisch in der Pfanne oder auf dem Grill zubereiten.

Zubereitungsart
Herd & Feuer

Kochutensilien
Pfanne

Zubereitungszeit
20 Minuten

Menge
2 Portionen

Zutaten

250 g Tintenfisch
1 Avocado
2 Limetten
2 EL Mehl
2 TL Chilisoße
350 ml geschmacksneutrales Öl
Olivenöl
Salz & Pfeffer

Zubereitung

1. Wasche den Tintenfisch, trockne ihn mit Küchenpapier und schneide ihn in ca. 1 cm dicke Ringe.
2. Mische das Mehl mit einer Prise Salz und etwas Pfeffer, und wende nun alle Tintenfischringe darin bis sie gut paniert sind.
3. Bereite das Avocadomus vor, indem du die Avocado halbierst, entkernst und das Fruchtfleisch entfernst und klein machst. Reibe die Schale einer Limette hinzu und presse den Saft dieser aus. Zerdrücke und mische alles, bis du ein cremiges Avocadomus hast.
4. Fülle eine Pfanne mit ca. 1 cm geschmacksneutralem Öl und erhitze dieses stark. Sobald es brutzelt, wenn du einen Tintenfischring probeweise reinhältst, fritierst du alle Tintenfischringe im heißen Öl. Wende sie mehrmals mit einer Küchenzange bis sie gleichmäßig goldbraun sind. Lasse sie anschließend auf Küchenpapier abtropfen.
5. Verteile das Avocadomus mittig auf einem Teller, platziere die Tintenfischringe darauf und beträufle alles mit Chilisauce und etwas gutem Olivenöl. Schneide die zweite Limette in Spalten und gebe sie zum Auspressen dazu.

Soßen-Tipp

Wir lieben die Cholula Chipotle Hot Sauce. Sie wird mit Chipotle Chili hergestellt, hat eine milde Schärfe und eine rauchige Note, was perfekt zu diesem Rezept, aber auch zu Fleisch passt.

Spaghetti ai Frutti di Mare

Mit diesem Rezept holst du dir Italien in deinen Van, solltest du mit diesem nicht schon in Bella Italia sein. Spaghetti ai Frutti di Mare hört sich exotisch und kompliziert an, aber das ist es nicht. Alles, was du benötigst, sind ein paar wenige, aber gute Zutaten. Statt frischen Meeresfrüchten, kannst du auch tiefgekühlte nehmen – denke nur daran, sie vorher aufzutauen.

Zubereitungsart	Kochutensilien	Zubereitungszeit	Menge
Herd	Topf & Pfanne	20 Minuten	2 Portionen

Zutaten

250 g Spaghetti
150 g Meeresfrüchte
4 Riesengarnelen
50 g Parmesan
50 ml passierte Tomaten
50 ml trockener Weißwein
1 Handvoll Kirschtomaten
1 Bund Petersilie
1 Zitrone
2 Knoblauchzehen
2 EL Olivenöl
Salz & Pfeffer

Zubereitung

1. Koche die Spaghetti in gesalzenem Wasser nicht ganz al dente – sie garen später in der Soße weiter.
2. Schäle den Knoblauch, scheide eine Zehe in dickere Scheiben und hacke die andere fein. Wasche die Kirschtomaten und halbiere sie. Hacke die Petersilienblätter fein.
3. Wasche die Meeresfrüchte ab, tupfe sie trocken und lege sie auf einen Teller. Beträufle sie mit Zitronensaft und verteile den gehackten Knoblauch drüber.
4. Erhitze das Öl in einer Pfanne und brate die Kirschtomaten gemeinsam mit den Knoblauchscheiben an. Füge nun nach und nach die Meeresfrüchte hinzu, fange mit den Riesengarnelen an.
5. Sobald diese gar sind, verteile etwas gehackte Petersilie drüber. Lösche alles mit Weißwein ab und lasse ihn kurz einreduzieren.
6. Füge die passierten Tomaten hinzu und lasse die Soße bei niedriger Hitze köcheln. Sollte sie zu dick werden, verdünne sie mit Nudelwasser.
7. Vermenge die fertigen Spaghetti mit der Soße und würze die Soße mit Salz und Pfeffer. Lasse die Spaghetti in der Soße köcheln, bis sie al dente sind. Reibe in der Zwischenzeit den Parmesan grob.
8. Serviere die Spaghetti auf einem Teller und verteile je nach Geschmack Parmesan, Petersilie und Olivenöl drüber – ciao Italia!

Welche Meeresfrüchte?
Wir verwenden für unsere Spaghetti ai Frutti di Mare am liebsten einen Mix aus Scampi, Miesmuscheln, Tintenfischringen und -tentakeln.

Scampi im Alupäckchen über dem Feuer

Es gibt Gerichte, die schmecken besonders gut draußen, vorm Lagerfeuer oder nach einem Tag voller Abenteuer – und genau so ein Gericht versteckt sich hinter diesem Rezept. Entweder isst du die Scampi pur oder gönnst dir ein gutes Stück Brot dazu – das kannst du nämlich wunderbar in die Butter eintunken. Die Scampi schmecken auch gut zu Risotto, Pasta oder Polenta.

Zubereitungsart
Feuer

Kochutensilien
Topf, Reibe & Alufolie

Zubereitungszeit
20 Minuten

Menge
2 Portionen

Zutaten

700–800 g Scampis (roh, geschält und entdarmt)

120 g Butter

1 Zitrone

2 Knoblauchzehen

1 Zweig Rosmarin

1 Zweig Thymian

1 Zweig Petersilie

1 EL trockener Weißwein

¼ TL Chilliflocken

Salz & Pfeffer

Zubereitung

1. Bringe die Butter in einem kleinen Topf zum Schmelzen.

2. Schäle währenddessen den Knoblauch und hacke ihn fein. Zupfe die Blätter vom Rosmarin und Thymian ab und hacke diese ebenfalls fein. Halbiere die Zitrone und reibe die Schale der einen Hälfte ab. Presse den Saft aus dieser Hälfte und schneide die übriggebliebene Hälfte in Viertel.

3. Mixe die Scampi mit der geschmolzenen Butter, Knoblauch, Weißwein, Rosmarin Thymian, Chili und der Zitronenschale in einer Schüssel. Füge je nach Geschmack einen halben Esslöffel Zitronensaft, oder auch mehr, sowie Salz und Pfeffer hinzu.

4. Lege dir nun zwei Flächen Alufolie zurecht und teile deine Scampi-Mischung gleichmäßig auf diese auf. Forme daraus jeweils ein Päckchen, mit der Scampi-Mischung in der Mitte. Achte darauf, dass diese komplett bedeckt und das Päckchen zu ist.

5. Lege die Alupäckchen nun in die Glut und koche die Scampi bis sie gleichmäßig gar sind. Das dauert ca. 10–12 Minuten.

6. Genieße deine Scampi heiß und serviere dazu je nach Geschmack noch etwas frische Zitrone und Petersilie.

Flammlachs mit Petersilienkartoffeln

Dieses Rezept ist eines unserer Lieblinge, da es unheimlich lecker und leicht zubereitet ist. Dabei wird der Lachs nicht direkt auf dem Feuer, sondern daneben gegart. Dadurch bleibt er schön saftig und erhält ein rauchiges Aroma. Übrigens schmeckt der Lachs auch am nächsten Tag kalt zu einem Salat, während du die Petersilienkartoffeln erneut in der Pfanne erwärmen kannst.

Zubereitungsart
Feuer

Kochutensilien
Flammlachsbrett, Topf & Pfanne

Zubereitungszeit
70 Minuten

Menge
4 Portionen

Zutaten

Ganze Lachsseite (mit Haut)

500 g Kartoffeln

2 Zitronen

1 Bund Rosmarin/ Thymian

1 Bund Petersilie

Olivenöl

Salz & Pfeffer

Zubereitung

1. Zünde rechtzeitig dein Feuer, damit es beim Kochen gleichmäßig brennt.

2. Wasche den Lachs unter fließend Wasser und tupfe ihn mit Küchenpapier trocken.

3. Schneide 1,5 Zitronen in ca. 1 cm dicke Scheiben und verteile diese gleichmäßig auf der Lachsseite. Lege die übriggebliebene halbe Zitrone zur Seite. Verteile die Rosmarin- oder Thymianzweige auf dem Lachs.

4. Spanne die Lachsseite auf ein Flammlachsbrett, z.B. aus Kirschholz, und platziere es neben dem Feuer. Der Lachs muss ca. 1 Stunde neben dem Feuer garen. Eventuell musst du das Brett umstellen, damit der Lachs von allen Seiten gleichmäßig gart.

5. Bereite in der Zwischenzeit die Petersilienkartoffeln zu. Koche die Kartoffeln zunächst mit Schale in einem Topf über dem Feuer.

6. Zupfe währenddessen die Petersilienblätter von den Zweigen.

7. Wenn die Kartoffeln fertig sind, schneide sie in dicke Scheiben und brate sie mit der Petersilie und etwas Olivenöl in einer Gusseisenpfanne über dem Feuer an. Würze die Kartoffeln mit Salz und Pfeffer.

8. Sobald die Lachsseite gar ist, teilst du sie in 4 gleichgroße Stücke und servierst sie mit den Petersilienkartoffeln. Presse frischen Zitronensaft über den Lachs und die Kartoffeln und lasse es dir schmecken!

Tipp
Am nächsten Tag schmeckt der Lachs lecker zu unserem Mango-Avocado-Salat auf S. 72 oder dem Mango-Kokos-Salat auf S. 74. Ein paar frische Gurkenstücke und Kirschtomaten sind auch eine Idee!

Süß-scharfe Folienkartoffeln

Folienkartoffeln sind ein klassisches Lagerfeuer-Gericht. Es müssen aber nicht immer Kartoffeln mit Sour Cream sein. Wie wäre es mit einer etwas ausgefalleneren Kombi aus Süßkartoffeln und einer süß-scharfen Soße aus Tomaten, Bohnen und Bier? Die Kartoffeln toppst du mit Käse, Frühlingszwiebeln und Avocado – genial! Entweder genießt du sie als Beilage oder Hauptmahlzeit.

Zubereitungsart
Feuer

Kochutensilien
Topf/Dutch Oven & Alufolie

Zubereitungszeit
40–60 Minuten

Menge
2 Portionen

Zutaten

2 Süßkartoffeln

½ rote Zwiebel

200 g Kidneybohnen

80 g passierte Tomaten

80 ml Bier

1 EL Olivenöl

½ EL Chilipulver (nach Schärfewunsch)

1 TL Kreuzkümmel

1 Prise Salz

Fürs Topping

1 Handvoll Käse (z.B. Gouda/Cheddar)

2 Frühlingszwiebeln

½ Avocado

Zubereitung

1. Wickel die Süßkartoffeln jeweils in Alufolie und lege sie für ca. 30 Minuten in die Glut. Drehe sie zwischendurch regelmäßig, damit sie gleichmäßig garen.

2. Schäle und schneide in der Zwischenzeit die halbe Zwiebel in feine Würfel. Brate die Zwiebelwürfel bei mittlerer Hitze mit dem Öl in einem Topf an bis sie weich sind.

3. Gieße die Bohnen ab und füge sie mit den passierten Tomaten, Bier und Gewürzen zu den Zwiebelwürfeln. Verrühre die Soße und lasse sie 15–20 Minuten bei niedriger Hitze köcheln bis sie andickt.

4. Schneide währenddessen die Frühlingszwiebeln in feine Ringe und reibe den Käse. Schneide das Fruchtfleisch der Avocado in mundgerechte Stücke.

5. Sobald die Kartoffeln gar sind, hole sie aus der Glut und schneide sie jeweils längs in der Mitte auf. Fülle sie mit Tomatensoße und den Toppings, und genieße deine Kartoffeln noch heiß aus der Folie!

Spanische Kartoffelpfanne mit Chorizo

Du bist ein Kartoffel-Fan, hast aber Lust auf ein anderes Geschmackserlebnis als klassische Bratkartoffeln? Dann peppe sie mit Chorizo auf! Wir essen die spanische Wurst am liebsten scharf angebraten oder gegrillt als Tapas. Sie wird aus Schweinefleisch hergestellt und mit Paprika und Knoblauch gewürzt. Bevor du die Wurst verzehren kannst, musst du die Haut abziehen.

Zubereitungsart Herd

Kochutensilien Topf & Pfanne

Zubereitungszeit 45 Minuten

Menge 2 Portionen

Zutaten

500 g festkochende Kartoffeln

125 g Chorizo

4 Schalotten/ kleine Zwiebeln

½ Chilischote

½ Bund Schnittlauch

1 EL Öl

Salz & Pfeffer

Zubereitung

1. Koche die Kartoffeln für ca. 20 Minuten.
2. Schäle in der Zwischenzeit die Schalotten und halbiere oder viertel sie je nach Größe.
3. Wasche die Chilischote, halbiere sie längs, entferne die Kerne und schneide sie in feine Ringe.
4. Wasche den Schnittlauch, schneide ihn ebenfalls in feine Rollen und stelle ihn für später zur Seite.
5. Ziehe die Haut von der Chorizo ab und schneide sie in Scheiben.
6. Sobald die Kartoffeln fertig sind, schrecke sie unter kaltem Wasser ab, lasse sie kurz abkühlen, schäle und schneide sie in Scheiben.
7. Brate die Wurstscheiben mit Öl unter Wenden in der Pfanne an. Sie sollten schön knusprig sein. Nimm die Wurst raus und stelle sie beiseite.
8. Brate nun die Kartoffelscheiben im heißen Fett für ca. 10 Minuten goldbraun. Nach 5 Minuten fügst du die Schalotten und Chili hinzu und brätst alles zusammen weiter.
9. Zum Schluss hebst du die Chorizo unter und lässt sie nochmals warm werden.
10. Würze die Kartoffelpfanne nach Geschmack mit Salz und Pfeffer und serviere sie mit Schnittlauch. Aber Vorsicht beim Würzen: Die Chorizo sorgt bereits für einen salzigen und leicht scharfen Geschmack.

Pasta mit Salsiccia

Salsiccia ist eine italienische Wurst, die roh und pikant gewürzt ist. Sie wird in Italien gerne für Soßen verwendet und auch wir haben ein Rezept mit Salsiccia, das wir lieben! Viele große Supermärkte haben die Wurst im Sortiment und auch beim Discounter gibt es Salsiccia ab und zu im Angebot. Falls du sie also entdeckst, schnapp zu und zaubere diese leckere Pasta!

Zubereitungsart	Kochutensilien	Zubereitungszeit	Menge
Herd	Topf & Pfanne	20 Minuten	2 Portionen

Zutaten

250 g Conchiglie
300 g Salsiccia
1 Stück Parmesan
50 ml trockener Rotwein
1 Dose Tomatenfruchtfleisch
3 Schalotten
2 Knoblauchzehen
1 EL Tomatenmark
2 EL Olivenöl
3 TL Italienische Kräutermischung
3 TL Zucker
Salz & Pfeffer

Zubereitung

1. Schäle die Schalotten und den Knoblauch und schneide sie in feine Würfel. Schneide die Salsiccia längs auf, zieh die Haut ab und zupfe sie in mundgerechte Stücke.
2. Dünste Schalotten und Knoblauch mit dem Öl in einer Pfanne an. Füge wenig später die Salsiccia hinzu und brate sie, bis sie gar ist.
3. Rühre das Tomatenmark unter und brate alles für wenige Minuten scharf an. Lösche es mit Rotwein ab und lass diesen kurz einköcheln. Schalte die Hitze runter, gib die Tomaten und eine halbe Dose Nudelwasser hinzu. Lass die Soße für 5 Minuten einköcheln.
4. Würze die Soße mit italienischen Kräutern, Zucker, etwas Salz und Pfeffer. Lasse sie für rund 10 Minuten bei niedriger Hitze köcheln.
5. Setze in der Zwischenzeit das Nudelwasser auf und koche die Conchiglie nach Packungsanleitung al dente.
6. Mische die Nudeln unter die Soße, richte sie auf einem Teller an und reibe Parmesan drüber – jetzt wird's köstlich!

Conchi-was?
Conchiglie sind Nudeln in Muschelform. Die große Variante heißt Conchiglioni, während sich die kleine Conchigliette nennt.

Hellboy-Pizza

Wenn du nicht gerade in Italien unterwegs bist und die nächste Pizzeria um die Ecke wartet, dann zauberst du dir mit diesem Rezept einfach selbst eine himmlisch-gute Pizza! Wir bereiten sie am liebsten im Dutch Oven zu, es funktioniert aber genauso als Pizza-Bagel im Omnia. Was den Belag angeht, bist du völlig frei, wir stellen dir hier eine unserer Lieblingskombis vor.

Zubereitungsart (Gas-) Herd & Feuer

Kochutensilien Dutch Oven / Omnia

Zubereitungszeit 30 Minuten

Menge 4 Pizzen

Für den Pizzateig

500 g Mehl (am besten Typ 00)

10 g Hefe

10 g Salz

325 ml lauwarmes Wasser

Für die Pizzasoße

1 Dose geschälte Tomaten

Basilikum

Olivenöl

Für den Belag

100 g Peperoni-Salami

2 Mozzarellakugeln

1 Stück Parmesan

Für die Honig-Soße

130 ml Honig

50 ml Weißweinessig

1 TL Chiliflocken

1 Prise Salz

Zubereitung vom Pizzaboden

1. Löse die Hefe im Wasser auf. Mische das Mehl mit Salz in einer Schüssel. Füge nach und nach das Hefewasser hinzu, bis du einen glatten Teig hast. Forme den Teig zu einer Kugel und lasse ihn mit einem Tuch abgedeckt ca. 5 Minuten ruhen.

2. Knete den Teig auf einer bemehlten Fläche für ca. 10 Minuten. Halbiere ihn, knete die Hälften nochmals 5 Minuten und forme anschließend jeweils 2 Kugeln aus ihnen. Lasse die 4 Kugeln mit einem feuchten Tuch abgedeckt ca. 30 Minuten an einem warmen Ort ruhen.

Stelle deine Pizzen her

1. Gib die Tomaten mit ein paar Blättern Basilikum und einem Spritzer Olivenöl in eine Schüssel und zerdrücke alles mit der Hand. Reibe außerdem den Parmesan fein.

2. Forme aus den 4 Teigkugeln Pizzen mit etwas dickerem Rand, oder für den Omnia Pizza-Bagel. Verteile jeweils Tomatensoße, ein paar Scheiben Salami, Mozzarella und Parmesan auf den Pizzen.

3. Lege deine Pizzen auf Backpapier und backe sie jeweils für 10-15 Minuten im Dutch Oven oder Omnia. Sie sind fertig, wenn der Teig durch, der Rand braun und der Käse geschmolzen ist!

4. Mixe in der Zwischenzeit alle Zutaten für die Soße und beträufle deine Pizzen kurz vor dem Servieren mit dieser – himmlisch geil!

Kein Bock auf Kneten?
Statt den Teig selber herzustellen und warten zu müssen, kannst du natürlich auch auf Fertigteig aus dem Kühlregal zurückgreifen und zauberst so in Windeseile Pizza.

Rigatoni mit Hack-Speck-Soße

Mit dieser Soße aus Hack, Speck, Zwiebeln und Oregano zauberst du im Nu ein leckeres Gericht! Wir essen sie am liebsten zu Rigatoni, du kannst aber auch andere Nudeln wie Conchiglie oder Penne verwenden. Ein wenig erinnert sie an unsere Salsiccia-Soße und ist deshalb eine tolle Alternative, solltest du die italienische Wurstspezialität einmal nicht im Supermarkt finden.

Zubereitungsart	Kochutensilien	Zubereitungszeit	Menge
Herd	Topf & Pfanne	25 Minuten	2 Portionen

Zutaten

300 g Rigatoni
250 g Rinderhack
150 g Speckwürfel
100 ml passierte Tomaten
50 ml Weißwein
1 Zwiebel
1 Knoblauchzehe
½ 1 TL Zitronensaft
½ EL Tomatenmark
1 EL Olivenöl
1 TL gekörnte Brühe
½ TL Zucker
½ TL rosenscharfes Paprikapulver
½ TL Oregano
½ TL Thymian
Salz & Pfeffer

Dazu schmeckt

Parmesan
Basilikum

Zubereitung

1. Koche die Nudeln nach Packungsanleitung al dente.
2. Schäle in der Zwischenzeit die Zwiebeln und würfle sie fein. Schäle den Knoblauch und presse ihn. Solltest du keine Knoblauchpresse dabei haben, kannst du ihn reiben oder fein hacken.
3. Erhitze das Olivenöl in einer Pfanne und schwitze Zwiebeln, Knoblauch und Speckwürfel gemeinsam an.
4. Gib das Hackfleisch hinzu und brate es für ca. 5 Minuten, bis es braun und krümelig ist.
5. Füge das Tomatenmark sowie den Zucker hinzu und lasse beides anbraten. So verliert das Tomatenmark seine Säure.
6. Lösche alles mit Weißwein ab und lasse ihn kurz einreduzieren.
7. Füge die passierten Tomaten hinzu und würze deine Soße nach Geschmack mit Salz und Pfeffer, den Gewürzen, der Brühe und dem Zitronensaft. Lasse deine Soße ein paar Minuten bei niedriger bis mittlerer Hitze köcheln.
8. Serviere die Soße mit den Nudeln und je nach Geschmack mit frisch geriebenem Parmesan und Basilikum – mmh!

Spaghetti Amatriciana

Leicht scharf, schnell zubereitet und einfach nur lecker – wir lieben Spaghetti Amatriciana! Dazu ein guter Rotwein, eine laue Sommernacht und schon fühlst du dich wie in Italien, egal, wo du gerade mit deinem Camper stehst. Fürs Original wird Guanciale oder Pancetta verwendet. Falls du diese italienischen Specksorten nicht findest, greife auf normale Speckwürfel zurück.

Zubereitungsart Herd

Kochutensilien Topf & Pfanne

Zubereitungszeit 15 Minuten

Menge 2 Portionen

Zutaten

250 g Spaghetti

100 g Pancetta (oder Guanciale)

50 g Parmesan (oder Pecorino)

1 Dose Tomatenfruchtfleisch

1 kleine weiße Zwiebel

2 Knoblauchzehen

1 EL Olivenöl

½ TL Chiliflocken

Salz & Pfeffer

Dazu schmeckt

Petersilie

Zubereitung

1. Koche die Spaghetti in einem großen Topf mit gesalzenem Wasser al dente.
2. In der Zwischenzeit erhitzt du das Öl in einer (möglichst großen) Pfanne und schneidest den Pancetta in dickere Streifen. Sobald das Öl heiß ist, brätst du den Speck für ein paar Minuten in diesem glasig.
3. Schäle währenddessen sowohl die Zwiebel als auch die Knoblauchzehen und schneide sie in feine Würfel. Füge sie zum Pancetta hinzu.
4. Sobald auch die Zwiebeln und der Knoblauch glasig sind, fügst du die Tomaten hinzu und lässt alles etwas einköcheln. Würze die Soße nach Geschmack mit Chiliflocken, Pfeffer und Salz. Sei beim Salz jedoch sparsam, denn der Speck macht die Soße bereits sehr salzig.
5. Reibe in der Zwischenzeit den Parmesan fein.
6. Sobald die Nudeln fertig gekocht sind, hebst du sie mit einer Pastazange direkt vom Topf in die Pfanne. Lasse sie dabei kurz abtropfen, damit die Soße vom Nudelwasser nicht allzu wässrig wird.
7. Füge nun die Hälfte vom Parmesan unter.
8. Serviere die Spaghetti Amatriciana mit etwas frischer, glatter Petersilie sowie dem restlichen Parmesan – himmlisch!

Scharfe Pasta alla Vodka

Vodka zur Pasta? Klar! Dieses Nudelgericht ist denkbar einfach, super schnell gemacht und ultralecker. Der Vodka verleiht der Soße einen speziellen Geschmack – und keine Angst: Selbst zum Mittag lässt sich die Pasta essen, denn trotz des Vodkas wirst du nicht betrunken. Wenn du also Lust auf fixe und nicht langweilige Nudeln hast, ist dieses Rezept genau richtig!

Zubereitungsart
Herd

Kochutensilien
Topf & Pfanne

Zubereitungszeit
15 Minuten

Menge
2 Portionen

Zutaten

250 g Nudeln (Conchigliette/Penne)
100 g Parmesan
250 ml Sahne
50 ml Vodka
1 kleine Zwiebel
6 Knoblauchzehen
2 EL Tomatenmark
2 EL Olivenöl
Chiliflocken
Salz & Pfeffer

Dazu schmeckt

Basilikum
Petersilie

Zubereitung

1. Koche die Nudeln nach Packungsanleitung in salzigem Wasser al dente.
2. Schäle in der Zwischenzeit die Zwiebel und den Knoblauch, und schneide beides in feine Würfel.
3. Erhitze Öl in einer Pfanne und brate Zwiebeln und Knoblauch bei mittlerer Hitze an. Sobald diese glasig sind, rührst du Tomatenmark unter, würzt es nach Belieben mit Chili und brätst alles für ein paar Minuten bei hoher Hitze scharf an.
4. Lösche es mit Vodka ab und lasse diesen kurz auf die Hälfte einreduzieren.
5. Schalte die Hitze runter und füge die Sahne hinzu. Verrühre die Soße und lasse sie bei niedriger Hitze für ein paar Minuten köcheln.
6. Reibe in der Zwischenzeit den Parmesan fein.
7. Sobald die Nudeln fertig sind, gießt du sie ab und hebst dabei eine Tasse Nudelwasser auf. Füge die Nudeln zur Soße hinzu und verdünne diese ggf. mit Nudelwasser, sollte sie zu dick sein.
8. Mische die Hälfte des Parmesans unter und würze die Soße nach Geschmack mit Salz und Pfeffer.
9. Serviere die Pasta alla Vodka auf einem Teller, bestreue sie mit Parmesan und nach Belieben mit Basilikum oder Petersilie – fertig!

Chili con Carne

Gerade an kalten Tagen oder wenn du von einem Abenteuer zurück in deinen Camper kommst, gibt es nichts Besseres als heißes, würziges Chili con Carne! Das Tolle an diesem Gericht ist, dass du es gleich für zwei Tage kochen kannst. Die Zutaten bekommst du überall und wenn du vegetarisch lebst, kannst du das Fleisch problemlos ersetzen und so ein Chili sin Carne zaubern.

Zubereitungsart Herd & Feuer | **Kochutensilien** Pfanne/Dutch Oven | **Zubereitungszeit** 35 Minuten | **Menge** 2–3 Portionen

Zutaten

400 g Rinderhack
1 Zwiebel
1 Knoblauchzehe
1 Chilischote
1 Dose Pizzatomaten
1 Dose Kidneybohnen
1 Dose Mais
250 ml Gemüsebrühe
2,5 EL Tomatenmark
1 EL Olivenöl
1 TL Kreuzkümmel
Salz & Pfeffer

Dazu schmeckt

Tortilla-Chips
Crème fraîche
Frühlingszwiebeln
Koriander

Zubereitung

1. Schäle Zwiebel und Knoblauch und würfle sie fein. Halbiere die Chilis, entkerne sie und hacke sie fein. Statt frischen Chilis, kannst du nach Geschmack ½–2 TL Chiliflocken verwenden.
2. Erhitze das Öl in einer Pfanne und schwitze die Zwiebeln darin an. Füge Hackfleisch, Knoblauch und Chilis hinzu.
3. Sobald das Hackfleisch braun und krümelig ist, fügst du Tomatenmark hinzu und brätst alles kurz scharf an.
4. Gib die Tomaten und Gemüsebrühe hinzu. Rühre alles gut um und würze es mit Kreuzkümmel, Salz und Pfeffer. Decke das Chili ab und lasse es für ca. 20 Minuten bei mittlerer Hitze köcheln. Rühre es gelegentlich um, sodass nichts anbrennt.
5. Tropfe in der Zwischenzeit die Bohnen und den Mais ab. Füge sie zum Chili hinzu, sobald die 20 Minuten rum sind. Lasse das Chili nochmals für ca. 5 Minuten köcheln und schmecke es erneut mit Kreuzkümmel, Chili, Salz und Pfeffer ab.
6. Serviere das Chili con Carne nach Geschmack mit Frühlingszwiebeln, Koriander, Crème fraîche oder Tortilla-Chips, die du perfekt ins Chili dippen kannst!

Argentinische Empanadas mit Tomaten-Salsa

Diese Empanadas zählen zu unseren Lieblings-Lagerfeuer-Gerichten! Neben Gemüse schnippeln, musst du nicht viel machen. Nachdem die Füllung fertig gebraten ist, backen die Empanadas für 10–20 Minuten. In der Zwischenzeit genießt du die Wärme des Feuers und tolle Lagerfeuer-Gespräche. Dazu schmecken eine frische Tomaten-Petersilien-Salsa und Petersilien-Joghurt.

Zubereitungsart Herd & Feuer | **Kochutensilien** Pfanne & Omina/Dutch Oven | **Zubereitungszeit** 40 Minuten | **Menge** 2 Portionen

Zutaten

350 g Rinderhack
1 Packung Pizzateig
Handvoll Kirschtomaten
1 Zwiebel
1 Knoblauchzehe
1 grüne Paprika
1 Bund Petersilie
1 TL Paprikapulver
1 EL Tomatenmark
Olivenöl
Salz & Pfeffer

Dazu schmeckt

Joghurt

Zubereitung

1. Schäle die Zwiebel und den Knoblauch und hacke beide klein. Hacke auch die Petersilie fein. Wasche die Paprika, entkerne sie und schneide sie in kleine Stücke.

2. Brate das Hackfleisch in einer Pfanne mit 2 EL Olivenöl bei hoher Hitze 3–4 Minuten an, bis es krümelig ist. Gib Zwiebeln, Knoblauch und Paprika in die Pfanne und brate sie 2–3 Minuten mit. Rühre das Paprikapulver, Tomatenmark und 50 ml Wasser unter, und lasse es 2–3 Minuten sanft köcheln. Mische ⅓ der Petersilie unter und würze die Hackfüllung mit Salz und Pfeffer.

3. Lege den Teig aus und schneide ihn in 8 Rechtecke. Verteile die Hackfüllung jeweils mittig auf einer Hälfte, und klappe die andere Hälfte darüber. Verschließe die Ränder zum Schluss mit einer Gabel und backe die Empanadas 10–20 Minuten goldgelb.

4. Währenddessen bereitest du die Salsa zu: Würfle die Tomaten und mische sie mit der restlichen Petersilie, 2 EL Olivenöl, Salz und Pfeffer. Alternativ bewahrst du etwas Petersilie auf, mischst sie mit Joghurt und würzt diesen mit Salz und Pfeffer.

5. Sobald die Empanadas fertig sind, servierst du sie mit der Salsa und gibst optional etwas Joghurt dazu.

Tipp
Damit die Empanadas nicht haften bleiben, lege den Boden deines Dutch Ovens oder Omnias mit Backpapier aus.

Beef-Taco-Pfanne

Hinter diesem One-Pot-Gericht verstecken sich eine leckere Gewürzmischung, Hackfleisch, Bohnen, Tomaten, Tortilla-Chips und jede Menge Käse. Es ist das perfekte Camping-Gericht, denn es kostet wenig und lässt sich schnell und bequem in einer Pfanne oder einem Topf zubereiten. Die Zutaten bekommst du nahezu überall und sie lassen sich, bis auf das Fleisch, super lagern.

Zubereitungsart Herd & Feuer | **Kochutensilien** Pfanne/Topf/Dutch Oven | **Zubereitungszeit** 25 Minuten | **Menge** 2 Portionen

Zutaten

250 g Rinderhack

Handvoll geriebener Cheddar

Handvoll Tortilla-Chips

1 Dose Kidneybohnen

1 Handvoll Kirschtomaten

1 Frühlingszwiebel

Für den Gewürzmix

1 TL Oregano

1 TL-EL Chiliflocken (nach Schärfewunsch)

1 TL Kreuzkümmel

1 TL Cayennepfeffer

1 TL geräuchertes Paprikapulver

½ TL Salz

½ TL Pfeffer

Dazu schmeckt

Limette

Crème fraîche

Zubereitung

1. Vermenge alle Zutaten für die Gewürzmischung in einer kleinen Schüssel und stelle sie beiseite.

2. Wasche die Tomaten und die Frühlingszwiebel. Schneide letztere in feine Ringe und halbiere die Tomaten.

3. Brate das Hackfleisch an, bis es braun und krümelig ist. Lasse die Bohnen abtropfen und füge sie zusammen mit der Gewürzmischung hinzu. Mische alles gut durch und lasse es ein paar Minuten bei mittlerer Hitze köcheln.

4. Füge die Tomaten hinzu und lasse sie ein paar Minuten mitkochen, bis sie leicht schrumpfen und weich werden.

5. Mische zum Schluss vorsichtig die Tortilla-Chips unter und verteile den Käse gleichmäßig über die Taco-Pfanne. Schließe den Deckel und lasse alles für ein paar Minuten bei niedriger Hitze köcheln, bis der Käse geschmolzen ist.

6. Verteile die Frühlingszwiebeln über die Tacos und serviere sie nach Geschmack mit Crème fraîche und einem Spritzer Limettensaft – yummy!

Käse-Lauch-Suppe mit Hackfleisch

Dieses Gericht wird gerne bei großen Feiern aufgetischt und eignet sich genauso zum Campen. Die Zutaten bekommst du in jedem Supermarkt. Besonders toll: Die Suppe kocht sich quasi von alleine. Wir bereiten immer gleich die doppelte Portion zu: So haben wir auch am nächsten Tag eine warme Mahlzeit und müssen in unserem Camper nur einmal kochen – und weniger abspülen.

Zubereitungsart Herd & Feuer

Kochutensilien Topf/Dutch Oven

Zubereitungszeit 30 Minuten

Menge 4 Portionen

Zutaten

500 g Rinderhack

400 g Schmelzkäse

1 Becher Crème Fraîche

2 Lauchstangen

1 Zwiebel

750 ml Gemüsebrühe

1 EL Pflanzenöl

Muskat

Salz & Pfeffer

Dazu schmeckt

Zitronenabrieb

Bauernbrot/Baguette

Zubereitung

1. Schäle die Zwiebel und würfle sie fein. Wasche die Lauchstangen und schneide sie in Ringe.
2. Erhitze das Öl bei mittlerer bis hoher Hitze in einem Topf. Brate das Hackfleisch für ca. 2 Minuten an und gib anschließend die Zwiebelwürfel und Lauchringe hinzu. Lasse alles für weitere 5 Minuten braten und lösche es mit der Gemüsebrühe ab. Nun lässt du es für 10 Minuten bei niedriger bis mittlerer Hitze köcheln.
3. Rühre später den Schmelzkäse unter, bis dieser komplett geschmolzen ist. Nun rührst du die Crème Fraîche ein und lässt die Suppe nochmals aufkochen.
4. Schmecke die Suppe mit Muskat, Salz und Pfeffer ab, und füge je nach Geschmack noch etwas Zitronenabrieb hinzu – serviere die Suppe mit einem leckerem Bauernbrot oder mit Baguette.

Spaghetti Bolognese

Spaghetti Bolognese ist eines der bekanntesten Gerichte der italienischen Küche. Aber wusstest du, dass Italiener Bolognese mit Tagliatelle essen? Die flachen Bandnudeln mit Ei verbinden sich viel besser mit dem Ragout, sodass die sämige Bolognese quasi an ihnen fest klebt. Wir mögen jedoch beide Varianten und lassen es dir frei, welche Nudelart du verwendest.

Zubereitungsart Herd | **Kochutensilien** Topf & Pfanne | **Zubereitungszeit** 20 Minuten | **Menge** 4 Portionen

Zutaten

500 g gemischtes Hackfleisch
200 g Möhren
200 g Knollensellerie
2 Dosen geschälte Tomaten
½ halbe Flasche trockener Rotwein
1 rote Zwiebel
1 Knoblauchzehe
1–2 EL Tomatenmark
2 EL Butterschmalz
3 Lorbeerblätter
½ Bund Thymian
1 Prise Zucker
Salz & Pfeffer

Dazu schmeckt

Parmesan
Petersilie

Zubereitung

1. Schäle die Möhren und die Zwiebel, entferne schmutzige Stellen vom Knollensellerie und schneide alles in kleine Würfel. Schäle den Knoblauch und hacke ihn fein.

2. Brate das Gemüse mit 1 EL Butterschmalz in einer Pfanne für ca. 10 Minuten bei mittlerer Hitze an. Stelle es anschließend beiseite.

3. Brate nun das Hackfleisch mit 1 EL Butterschmalz bei starker Hitze in der Pfanne an. Zerkleinere es und würze es mit Salz und Pfeffer. Sobald es braun und krümelig ist, fügst du Tomatenmark hinzu und brätst dieses für ca. 2 Minuten scharf mit an.

4. Lösche das Hack mit 100 ml Rotwein ab und lasse die Soße für 5 Minuten bei starker Hitze kochen.

5. Füge Gemüse, Lorbeerblätter und Tomaten hinzu. Zerkleine letztere und lasse die Bolognese bei mittlerer Hitze für ca. 15 Minuten köcheln. Für mehr Aroma und die perfekte Konsistenz fügst du nach und nach weiteren Rotwein hinzu.

6. Koche in der Zwischenzeit die Nudeln nach Packungsanleitung al dente. Zupfe die Thymianblätter von den Zweigen und hacke sie fein. Zupfe die Petersilienblätter ab und reibe den Parmesan.

7. Sobald die Bolognese fertig ist, schmeckst du sie mit Thymian, Zucker, Salz und Pfeffer ab. Serviere sie mit den Nudeln, Parmesan und Petersilie – dazu schmeckt der restliche Rotwein besonders gut!

Steak mit Aubergine und Tomaten

Du hast noch Auberginen übrig? Dann ist dieses Rezept genau das richtige! Dabei kommt der Geschmack der Aubergine durch den Rotweinessig besonders zur Geltung, während die süßen Kirschtomaten die kräftige Säure des Essigs aufheben. Knoblauch und Basilikum sorgen für eine leckere Würze, die perfekt zum saftigen Steak passt – übrigens essen wir unser Steak am liebsten medium rare.

Zubereitungsart Herd & Feuer

Kochutensilien Pfanne

Zubereitungszeit 30 Minuten

Menge 2 Portionen

Zutaten

2 Steaks
3 Auberginen
2 Handvoll Kirschtomaten
3 Knoblauchzehen
Basilikum
Rotweinessig
Olivenöl
Salz & Pfeffer

Zubereitung

1. Schneide die Auberginen klein und brate sie mit etwas Olivenöl in einer Pfanne heiß an, bis sie weich sind. Stelle sie zur Seite.
2. Schäle in der Zwischenzeit die Knoblauchzehen und schneide sie in dünne Streifen. Halbiere ggf. die Kirschtomaten, sollten sie groß sein.
3. Brate das Steak mit etwas Olivenöl in einer heißen Pfanne ein paar Minuten von beiden Seiten nach Geschmack scharf an. Lege es anschließend zur Seite und lasse es ruhen.
4. Brate den Knoblauch leicht an und gib die Aubergine-Stücke samt ausgetretenem Saft in die Pfanne. Füge die Tomaten hinzu und lasse alles unter Schwenken 2 Minuten lang braten.
5. Gib ca. 15 Basilikumblätter in die Pfanne, lösche alles mit 1 EL Rotweinessig ab und würze es mit Salz und Pfeffer.
6. Schneide das Steak in Streifen. Serviere das Gemüse gemeinsam mit den Steakstreifen und beträufle alles mit etwas Olivenöl.

Auberginen Curry

Dieses Curry ist pures Comfort-Food, schnell gemacht und reicht für zwei Tage. Den Schärfegrad kannst du selbst bestimmen, indem du die Menge des Sambal Oeleks variierst. Du findest es in jedem gut sortierten Supermarkt, entweder in der Gewürz- oder Asia-Abteilung. Zum Curry servierst du Reis, Naan- oder Fladenbrot – es schmeckt aber auch ohne Beilage super.

Zubereitungsart
Herd & Feuer

Kochutensilien
Topf/Dutch Oven

Zubereitungszeit
20 Minuten

Menge
4 Portionen

Zutaten

2 Auberginen
1 Zwiebel
1 Knoblauchzehe
1 Stück Ingwer (ca. 25 Gramm)
1 Dose Tomaten
1 Dose Kichererbsen
1 Dose Kokosmilch
4 EL Tomatenmark
1-2 EL Kokosöl
1 TL Garam Masala
½ TL Kreuzkümmel
Sambal Oelek
Salz

Dazu schmeckt

Jasmin-Duftreis
Basmatireis
Naanbrot
Fladenbrot

Zubereitung

1. Schäle die Zwiebel und schneide sie in Würfel. Ziehe den Knoblauch ab und hacke ihn fein. Schäle den Ingwer und reibe oder hacke ihn fein. Wasche die Auberginen und schneide sie in mundgerechte Stücke.
2. Erhitze das Kokosfett in einem Topf und brate die Zwiebel glasig bis goldgelb. Füge Knoblauch, Ingwer, Gewürze und Tomatenmark hinzu und lasse alles kurz bei hoher Hitze anrösten.
3. Schalte den Herd auf mittlere Hitze und füge die Auberginen hinzu. Lasse sie für wenige Minuten anbraten, bis sie leicht weich werden.
4. Kippe Kokosmilch und 150 ml Wasser hinein, gefolgt von den Kichererbsen und Tomaten. Zerdrücke die Tomaten mit einem Löffel, sodass sie sich gut verteilen.
5. Rühre zunächst 1 TL Sambal Oelek unter und füge nach Schärfewunsch mehr hinzu. Wir verwenden mehrere Esslöffel, mögen es jedoch gerne scharf.
6. Lasse das Curry für ca. 20 Minuten köcheln und füge ggf. weiteres Wasser hinzu, sollte es zu dickflüssig werden.
7. Wenn du zum Curry Reis essen möchtest, bereite diesen nun zu. Für 2 Personen reicht eine Tasse Reis, die du mit zwei Tassen Wasser kochst.
8. Schmecke das Curry zum Schluss nochmals mit Sambal Oelek und Salz ab und serviere es mit Reis, Naan- oder Fladenbrot.

Malaysisches Hähnchencurry

Mmh... wie das duftet! Mit diesem unglaublich leckeren Hähnchencurry aus Malaysia hast du das perfekte Lagerfeuer-Rezept und Gericht für kalte Tage im Camper. Dem besonderen Geschmack verdankt das Curry der Tandoori-Masala-Gewürzmischung. Die Basis besteht aus Chilis, Kreuzkümmel und Koriandersamen. Nach Geschmack werden Ingwer, Kardamom, Knoblauch, Nelken und Zimt hinzugefügt.

Zubereitungsart Herd & Feuer

Kochutensilien Topf/Dutch Oven

Zubereitungszeit 60 Minuten

Menge 2 Portionen

Zutaten

1 Hähnchenbrustfilet
1 Tasse Basmatireis
1 Süßkartoffel
1 rote Zwiebel
1 Knoblauchzehe
1 Stück Ingwer
1 Dose gehackte Tomaten
125 ml Kokosmilch
Pflanzenöl
1 Würfel Geflügelbrühe
20 g Tandoori-Masala
Salz & Pfeffer

Dazu schmeckt

Koriander

Zubereitung

1. Wasche das Hähnchenbrustfilet, tupfe es trocken und schneide es in mundgerechte Stücke. Reibe es mit der Hälfte der Tandoori-Masala-Gewürzmischung ein.
2. Schäle die Zwiebel, halbiere sie und schneide sie in Streifen. Schäle den Knoblauch und Ingwer und schneide beide in kleine Stücke. Schäle die Süßkartoffel und schneide sie in 1 cm dicke Würfel.
3. Brate das Hähnchen mit 2 EL Pflanzenöl für 1–2 Minuten im Dutch Oven oder in einem Topf scharf an. Reduziere die Hitze und füge Zwiebel, Knoblauch und Ingwer hinzu. Lasse sie ein paar Minuten mit braten und gib nun Tomaten, Kokosmilch und 50 ml Wasser hinzu. Brösel den Brühwürfel hinein und rühre das Curry gut um.
4. Lasse das Curry bei mittlerer Hitze 6–7 Minuten abgedeckt köcheln. Füge die Süßkartoffel hinein und lasse das Curry weitere 5 Minuten abgedeckt köcheln.
5. Bereite in der Zwischenzeit den Reis nach Packungsanleitung zu.
6. Schmecke das Curry mit Salz, Pfeffer und der restlichen Gewürzmischung ab. Sollte es zu dickflüssig sein, füge etwas Wasser hinzu und lasse es noch ein wenig köcheln.
7. Serviere das Hähnchencurry mit Reis und optional mit Korianderblättern – mmh!

Hähnchen auf Mediterrane Art im Dutch Oven

Wenn du gerne im Süden unterwegs bist, ist dieses Gericht perfekt! Die Zutaten für die Marinade findest du überall: Wir haben sie sogar in einem kleinen Tante-Emma-Laden irgendwo in der südfranzösischen Region Auvergne-Rhône-Alpes bekommen. Während das Hähnchen vor sich hin kochte, haben wir uns in einem wilden Fluss erfrischt und die Mittagssonne genossen – joie de vivre!

Zubereitungsart
Feuer

Kochutensilien
Dutch Oven

Zubereitungszeit
60 Minuten

Menge
2 Portionen

Zutaten

2 große Hähnchenkeulen

2 Pflaumen

30 g entkernte Oliven

3 Knoblauchzehen

10 g Kapern

100 ml trockener Weißwein

30 ml Rotweinessig

1 EL Olivenöl

1 EL trockener Oregano

1 Lorbeerblatt

1 EL brauner Zucker

1 TL Salz

Zubereitung

1. Wasche, entkerne und würfle die Pflaumen, und mische sie mit Kapern, Oliven, Knoblauch, Weißwein, Rotweinessig, Oregano, dem Lorbeerblatt und Salz in einem Zipper-Beutel oder abschließbarem Behälter.

2. Wasche die Hähnchenkeulen, tupfe sie trocken und lasse sie für min. 30 Minuten im Kühlschrank in der Marinade ziehen. Umso länger sie ziehen, umso intensiver und besser schmeckt das Gericht.

3. Sobald dein Feuer ordentlich brennt und ausreichend heiße Glut vorhanden ist, stellst du den Dutch Oven hinein. Wenn dieser heiß ist, fügst du das Öl hinein und lässt es ebenfalls heiß werden.

4. Hole die Hähnchenkeulen aus der Marinade, reibe sie mit dem Zucker ein und brate sie mit der Haut nach unten ca. 5 Minuten an bis sie braun sind. Wende die Keulen und brate sie für ein paar Minuten von der anderen Seite.

5. Füge die Marinade hinzu, schließe den Deckel, lege heiße Kohle darauf und lasse alles ca. 30 Minuten kochen.

Wie wäre es mit dieser leckeren Beilage?
Zum Hähnchen auf mediterrane Art schmeckt unser Bulgursalat mit Datteln und Gurke auf S. 90.

Steak mit Weintrauben und Gorgonzola

Die Kombination aus saftigem Steak, süßen Zwiebeln und Weintrauben, säuerlichem Essig, würzigem Gorgonzola, Rosmarin und Thymian ist einfach genial! Übrigens haben wir dieses Rezept das erste Mal auf Tasmanien zubereitet, als wir der einzige Camper im Narawntapu Nationalpark waren. Alleine waren wir trotzdem nicht, denn um uns herum grasten zahlreiche Kängurus und Wombats.

Zubereitungsart
Herd & Feuer

Kochutensilien
Pfanne & Alufolie

Zubereitungszeit
20 Minuten

Menge
2 Portionen

Zutaten

- 2 Flanksteaks
- 20 g Gorgonzola
- Handvoll rote Weintrauben
- 2 Zwiebeln
- 1 Knoblauchzehe
- 1 Zweig Rosmarin
- 1 Zweig Thymian
- 2 TL weißer Balsamicoessig
- Olivenöl
- Salz & Pfeffer

Zubereitung

1. Schäle die Zwiebeln und den Knoblauch, schneide den Knoblauch in kleine Würfel und die Zwiebeln in Ringe.
2. Entferne die Rosmarin- und Thymianblätter von den Zweigen.
3. Wasche die Steaks unter fließend Wasser, tupfe sie trocken und mariniere sie mit Knoblauch, Rosmarin, Thymian sowie mit Salz und Pfeffer.
4. Erhitze etwas Olivenöl in einer Pfanne und brate die Steaks bei hoher Hitze auf beiden Seiten für wenige Minuten an.
5. Wickel die Steaks anschließend in Alufolie und lasse sie ruhen.
6. Gib erneut etwas Olivenöl in die Pfanne und brate die Trauben und Zwiebeln an, bis diese glasig und weich sind. Lösche sie anschließend mit Balsamicoessig ab.
7. Nimm die Steaks aus der Alufolie, schneide sie in Streifen und richte sie gemeinsam mit den Zwiebeln und Weintrauben auf einem Teller an. Zerbrösel anschließend Gorgonzola darüber und lass es dir schmecken!

Burger mit Parmesan-Patty und Rucola

Wir lieben Burger und könnten diesem Gericht fast ein ganzes Buch widmen! Nicht nur geschmacklich, sondern auch, weil sie sich jederzeit und überall einfach und schnell zubereiten lassen – ob auf dem Grill, über dem Feuer oder in der Pfanne. Mit diesem Rezept stellen wir dir eines unserer liebsten vor, das du leicht nachmachen und nach Belieben anpassen kannst.

Zubereitungsart
Herd & Feuer

Kochutensilien
Pfanne (+ Deckel) / Grill

Zubereitungszeit
25 Minuten

Menge
4–6 Patties

Zutaten

500 g Rinderhack
Stück Parmesan
2 rote Zwiebeln
1 Ei
2 EL Semmelbrösel
Olivenöl
Jeweils 1 TL Salz & Pfeffer

Für den Burger

4 Brioche Buns
4 Scheiben Cheddar
Handvoll Rucola
2 Tomaten

Für die Soße

½ Zitrone
3 EL Mayonnaise
1 EL Ketchup
½ TL Cayennepfeffer

Dazu schmeckt

Jalapeño (frisch oder aus dem Glas)
Avocado
Speckstreifen

Zubereitung

1. Schäle die Zwiebeln und schneide sie in feine Würfel. Reibe den Parmesan, sodass du ca. eine Handvoll hast.

2. Erhitze etwas Olivenöl in einer Pfanne und dünste die Zwiebeln für ca. 10 Minuten. Lasse sie danach komplett abkühlen.

3. Verquirle das Ei und mische es gemeinsam mit den kalten Zwiebeln und restlichen Zutaten fürs Patty in einer Schüssel. Forme 4 bis 6 Kugeln und drücke sie zu 2 cm dicken Patties flach.

4. Stelle zwei Teller bereit und bestreiche sie mit etwas Olivenöl. Verteile die Patties darauf und bestreiche die Oberseite mit etwas Olivenöl. Decke sie mit Frischhaltefolie ab und stelle sie für mindestens 1 Stunde kalt.

5. Sobald die Zeit rum ist, brätst du die Patties bei hoher Hitze von jeder Seite 3–4 Minuten an. Brate optional den Speck an. Nachdem du die Patties gedreht hast, legst du den Käse drauf. Schließe den Grill oder packe einen Deckel auf die Pfanne, damit er besser schmilzt.

6. Schneide in der Zwischenzeit die Brioche Buns auf und toaste sie leicht. Bereite die Soße zu, indem du alle Zutaten miteinander verrührst. Wasche den Rucola und schneide die Tomaten in dünne Scheiben, genauso wie optional Avocado und Jalapeño.

7. Sobald die Patties fertig sind, stellst du deinen Burger zusammen: Auf die Unterseite des Buns verteilst du ca. 2 TL der Burgersoße, nun 1–2 Scheiben Tomate, gefolgt vom Patty, optional Speck, Avocado und Jalapeño, und Rucola. Beschmiere die obere Bun-Seite ebenfalls mit ca. 2 TL Soße und setze sie darauf – ta-da!

Penne in Speck-Sahne-Soße

Auch dieses Rezept hat einen Platz ganz oben auf der Liste der Comfort-Food-Gerichte verdient. Alleine der Geruch, wenn der Knoblauch im Speck anbrät, ist unwiderstehlich, während die cremige Tomaten-Sahne-Soße für das ultimative Wohlgefühl beim Essen sorgt. Für das gewisse Extra würzt du die Soße mit Chili und natürlich darf geriebener Parmesan zum Schluss nicht fehlen!

Zubereitungsart	Kochutensilien	Zubereitungszeit	Menge
Herd	Topf & Pfanne	15 Minuten	2 Portionen

Zutaten

400 g Penne
250 g Speckwürfel
250 ml Sahne
1 Stück Parmesan
5 Knoblauchzehen
5 EL Tomatenmark
Olivenöl
Salz & Pfeffer

Optional

Chiliflocken

Zubereitung

1. Bringe gesalzenes Wasser zum Sieden und koche die Penne nach Packungsanleitung al dente.
2. Bereite währenddessen die Soße zu und brate den Speck mit etwas Öl bei starker Hitze in einer Pfanne knusprig.
3. Schäle in der Zwischenzeit den Knoblauch und hacke ihn fein.
4. Sobald der Speck rundum knusprig gebraten ist, nimmst du die Pfanne vom Herd und mischst den Knoblauch unter. Sollte kein Fett mehr in der Pfanne sein, fügst du weiteres Olivenöl hinzu.
5. Stelle die Pfanne wieder auf den Herd und lasse den Knoblauch bei geringer Hitze im Speck anbraten, bis er leicht goldig wird – Achtung: Er sollte nicht braun werden, sonst schmeckt er bitter!
6. Füge die Sahne hinzu und lasse diese kurz aufkochen. Mische anschließend das Tomatenmark unter, bis eine cremige, gleichmäßig rote Soße entsteht.
7. Würze die Soße nach Geschmack mit Pfeffer und Chili. Salz ist in der Regel nicht notwendig, da der Speck die Soße bereits salzt. Lasse die Soße ein paar Minuten köcheln und verdünne sie ggf. mit Nudelwasser.
8. Sobald die Penne fertig gekocht sind, servierst du sie mit der Soße und frisch geriebenem Parmesan.

Spaghetti Carbonara

Hast du schon mal eine echte Carbonara gegessen? Die hat nämlich rein gar nichts mit der bekannten Sahne-Schinken-Soße zu tun! Mit diesem cremigen Klassiker aus Italien zauberst du das perfekte Gericht, wenn es schnell gehen soll oder dich der Heißhunger plagt. Das Geniale ist außerdem, dass du – wie so oft in der italienischen Küche – nur wenige Zutaten benötigst.

Zubereitungsart Herd | **Kochutensilien** Topf & Pfanne | **Zubereitungszeit** 20 Minuten | **Menge** 2 Portionen

Zutaten

250 g Spaghetti

100 g Guanciale/ Pancetta (alternativ Speck)

100 g Pecorino/ Grana Padano

2 Eier

Salz & Pfeffer

Dazu schmeckt

Petersilie

Zubereitung

1. Koche die Nudeln im gesalzenen Wasser nach Packungsanleitung fast al dente.
2. Schneide den Speck in dünne Streifen oder Würfel und brate ihn in einer Pfanne bei mittlerer Hitze an. Das Fett sollte austreten und er sollte leicht goldbraun sein.
3. Reibe den Pecorino fein und stelle die Hälfte beiseite. Die andere Hälfte verquirlst du mit den Eiern und pfefferst diese.
4. Sobald die Nudeln fertig gekocht sind, gibst du sie mithilfe einer Pastazange vom Topf direkt in die Pfanne zum Speck. Dabei darf ruhig Nudelwasser mit in der Pfanne landen. Schütte das Nudelwasser nicht weg.
5. Schalte den Herd aus und gib sofort die Käse-Ei-Mischung in die Pfanne. Rühre alles um und gib 50–100 ml Nudelwasser hinzu, bis die Soße cremig ist. Diese sollte weder zu flüssig noch zu trocken sein und perfekt an den Spaghetti haften. Die Eier sollten weder roh sein noch stocken.
6. Richte die Spaghetti Carbonara auf einem Teller an, würze sie mit Pfeffer und verteile Pecorino drüber – fertig!

Vorsicht salzig!
Extra salzen musst du die Spaghetti Carbonara übrigens nicht, denn durch den Speck, den Pecorino und das salzige Nudelwasser ist das Gericht meistens schon salzig genug.

Süßes & Drinks

Manchmal braucht es fürs Campen nur Spontanität – und ein paar Bananen

Es ist Freitagabend und gar nicht so lange her, dass wir einen Roadtrip durch Kalifornien unternommen und dabei spontan mit Freunden zum Campen ins Death Valley gefahren sind. Während die beiden in ihrem ausgebauten Defender unterwegs waren, hatten wir nur einen gewöhnlichen Jeep als Mietwagen.

Das machte aber nichts: Denn statt im Dachzelt, haben wir einfach im Kofferraum übernachtet und dazu die Rückbank umgeklappt. Zum Glück hatten unsere Freunde noch Isomatten dabei, sodass unser sporadisches Bett nicht ganz so unbequem war. Ein kurzer Abstecher nach Las Vegas, und wir waren zudem im Besitz einer wärmenden Decke.

So lümmeln wir nun auf dem Sofa herum und erinnern uns an unsere Abende mit Karo und Phil vorm Lagerfeuer und die abenteuerlichen Offroad-Strecken, die wir gemeinsam im Tal des Todes gemeistert haben. Und schon ist es wieder da: dieses ganz bestimmte Kribbeln im Bauch, das Verlangen nach Abenteuer und Freiheit.

Es dauert nicht lang, da durchwühlen wir unsere Kisten mit Camping-Equipment und holen unsere Isomatten, Schlafsäcke und Kissen aus dem Keller. Denn genauso einen Jeep, wie den, den wir in Kalifornien gefahren sind, haben wir auch zu Hause vor der Tür stehen. Wir packen noch weiteres Zeug ein, darunter auch unsere Stirnlampen und etwas Feuerholz.

Als wir einen Blick in unseren Kühlschrank werfen, entdecken wir südtiroler Speck und Käse. Auch ein paar Bananen und Erdbeeren, und sogar Nüsse und ein Glas Nutella kommen in den Kofferraum. Und schon sitzen wir im Auto und brechen auf. Verrückt, wie schnell aus einer Idee doch ein konkreter Plan werden kann – man muss nur spontan sein.

Schnell lassen wir die grauen Häuserwände hinter uns und befinden uns im Grünen. Neben uns fließt ein kleiner Gebirgsfluss, der

sich seinen Weg durch wilde Wiesen und Wälder bahnt. Dahinter ragen Berge empor, einer mächtiger und schöner als der andere. Als wir am See ankommen, setzt die Dämmerung ganz langsam ein.

Wir öffnen den Kofferraum und Sebastian läuft gleich zum Ufer runter, um ein Lagerfeuer zu zünden. Ich bereite währenddessen schon mal unser Bett für die Nacht vor: Isomatten aufblasen, Schlafsäcke ausrollen und Kissen aufklappen – fertig. Wir setzen uns auf einen Baumstamm, schneiden ein wenig Speck und Käse auf und genießen es, wieder draußen zu sein. Aber das salzige Essen macht Lust auf etwas Süßes.

Zufälligerweise haben wir alles eingepackt, um ein paar Bananenboote zu zaubern. Wir schneiden Bananen längs auf und schnippeln Erdbeeren klein. Gemeinsam mit Nutella und Nüssen kommen sie auf die Bananen. Aus Backpapier und Alufolie basteln wir Boote und wickeln die Bananen darin ein.

» Denn manchmal, da reicht es einfach nur für ein, zwei Nächte mit dem Camper rauszufahren. Raus aus dem Alltag, raus nach draußen und rein ins Abenteuer. «

Und während die leckeren Päckchen vor sich hin garen, beschließen wir noch eine kleine Runde mit dem Kanu zu paddeln. Fast kommen wir uns vor wie in Kanada, dabei befinden wir uns mitten in Europa. Keine Menschenseele ist außer uns hier, dafür wurde ein Bär vor gar nicht allzu langer Zeit in der Region gesichtet.

Zurück an Land warten die heißen Boote auf uns: Die Bananen sind wunderbar weich und das Nutella geschmolzen. Die Erdbeeren sorgen für einen extra fruchtigen Geschmack und die Nüsse für den nötigen Crunch. Es schmeckt himmlisch. Was wir in diesem Moment nicht wissen: Morgen sollen wir um diese Uhrzeit wieder genau hier stehen.

Denn manchmal, da reicht es einfach nur für ein oder auch zwei Nächte mit dem Camper rauszufahren. Raus aus dem Alltag, raus nach draußen und rein ins Abenteuer. Es muss nicht immer in die Ferne gehen, auch ein kleiner Roadtrip zum nächsten See lässt das Camperherz höher schlagen.

Popcorn

Auch im Camper gibt es manche Abende, an denen Netflix & Chill angesagt sind. Und wie geil wäre es dann, auch eine Tüte frisches und vor allem noch warmes Popcorn zu haben? Mit unserem super einfachen Rezept verwandelst du deinen Van in ein kleines Kino und genießt leckeres Popcorn, während du deine Lieblingsserie suchtest oder einen spannenden Film anschaust.

Zubereitungsart Herd & Feuer

Kochutensilien Topf/Pfanne (+ Deckel)

Zubereitungszeit 5 Minuten

Menge 2 Portionen

Zutaten

60 g Popcornmais

4 EL Kokosöl (oder 3 EL Kokosfett)

3 EL Zucker

Weitere Ideen

Salz, Chiliflocken & Currypulver

Schokolade & brauner Zucker

Matchapulver

Salted Caramel

Zubereitung

1. Erhitze das Kokosöl oder -fett in einem Topf oder einer möglichst großen und hohen Pfanne.

2. Mische nun den Zucker unter und verrühre diesen für ein paar Sekunden mit dem Öl bzw. dem geschmolzenem Fett.

3. Jetzt fügst du den Mais hinzu, legst den Deckel drauf und stellst den Herd aus. Die Hitze im Inneren lässt den Mais ziemlich bald poppen und du kannst zusehen, wie immer mehr Popcorn entsteht. Schüttel den Topf bzw. die Pfanne zwischendurch immer mal wieder, damit alle Maiskerne aufplatzen.

4. Sobald dein Popcorn fertig ist, füllst du es in eine große Schüssel und lässt es etwas abkühlen. Vorm Servieren schüttelst du es am besten nochmals durch – fertig!

Campfire Popcorn

Übrigens lässt sich Popcorn auch am Lagerfeuer zaubern: Verteile für 2 Portionen 4 EL Mais mit 4 EL Sonnenblumenöl und 2 EL Zucker in einem Alu-Päckchen und lege es in die Glut – bald poppt's!

Bananenboote

Es gibt einen Nachtisch, mit dem du jeden, wirklich jeden glücklich machst: Bananenboote! Gerade bei einem gemeinsamen Abend rund ums Lagerfeuer schmecken die gebackenen Bananen besonders lecker. Unser Lieblings-Topping besteht aus Nuss-Nougat-Creme, Erdbeeren und Haselnüssen. Du kannst deine Bananenboote aber beliebig füllen, solange das Topping schmilzt, süß und knusprig ist!

Zubereitungsart Feuer | **Kochutensilien** Grillrost | **Zubereitungszeit** 15 Minuten | **Menge** 2 Portionen

---

Zutaten

2 reife Bananen

Handvoll Beeren (z.B. Erd- oder Blaubeeren)

2 EL Nuss-Nougat-Creme

2 EL Nüsse (z.B. Hasel- oder Walnüsse)

Topping-Ideen

Erdnussbutter, Honig, Karamellsoße, Schokolade, Pralinen

Kirschen, getrocknete Früchte, Marshmallows

Kokosflocken, Granola

Zubereitung

1. Schneide die Bananen der Länge nach ein und die Erdbeeren in Scheiben.
2. Schmiere zuerst die Nuss-Nougat-Creme auf die Bananen, verteile anschließend die Beeren und dann die Nüsse.
3. Wickel die Bananen zuerst in Backpapier und danach in Alufolie, sodass kleine Bötchen entstehen.
4. Lege die Bananenboote entweder für ca. 5–10 Minuten auf einen Grillrost übers Feuer oder direkt in die heiße Glut.
5. Packe die Bananenboote aus und genieße sie sofort – Vorsicht: heiß!

Bananenbrot

Bananenbrot schmeckt nicht nur nachmittags zum Kaffee, sondern eignet sich auch als energiereicher Snack oder Frühstück. Neben sehr reifen Bananen und einem Omnia benötigst du vor allem Geduld: Das Bananenbrot muss eine Stunde backen sowie eine halbe Stunde abkühlen, bis du es genießen kannst. Dafür hält es sich mehrere Tage und schmeckt am zweiten Tag sogar noch besser!

Zubereitungsart
(Gas-) Herd

Kochutensilien
Omnia mit Silikonform

Zubereitungszeit
15 Minuten

Menge
ca. 12 Stücke

Zutaten

5 sehr reife Bananen
2 Eier (Größe L)
250 g Mehl
125 ml Sonnenblumenöl
100 g brauner Zucker
100 g Zartbitterschokolade (mind. 60% Kakaoanteil)
1 Handvoll Walnüsse
2 TL Backpulver
Prise Salz

Zubereitung

1. Mische das Mehl mit dem Backpulver und einer Prise Salz. Stelle die Mischung zur Seite.
2. Hacke die Nüsse und die Schokolade grob. Schäle die Bananen, zermatsche 4 davon mit einer Gabel und halbiere die 5. Banane der Länge nach.
3. Vermische das Bananenpüree mit dem Zucker in einer Schüssel. Füge nacheinander die beiden Eier hinzu, sodass eine cremige Konsistenz entsteht. Gieße nun das Öl möglichst langsam in einem feinen Strahl zum Püree hinzu. Schlage alles mit einem Schneebesen, bis du einen cremigen Teig hast.
4. Jetzt kannst du die Mehlmischung sowie die gehackten Nüsse und Schokostücke unterheben. Mische alles, sodass du keine Mehlklumpen hast.
5. Lege die Silikonform in den Omnia und fülle die Teigmischung hinein. Verteile die beiden Bananenhälften auf dem Teig.
6. Backe das Bananenbrot nun für ca. 1 Stunde bei kleinster Flamme, bis der Teig nicht mehr klebt.
7. Lasse das Bananenbrot mindestens 15 Minuten abkühlen, bis du es aus der Form holst. Bevor du es genießen kannst, solltest du es nochmals für ca. 15 Minuten abkühlen lassen.

Kaiserschmarrn

Egal ob als Nachtisch oder eigenständige Mahlzeit, Kaiserschmarrn geht immer! Dazu servierst du Apfelmus, Zwetschgen- oder Kirschkompott oder Vanillesoße. Oder streust dir einfach eine extra Portion Puderzucker drüber. Das Beste: Die Zutaten hast du in der Regel schon dabei. Wir haben zudem einen kleinen Trick, der das Kaiserschmarrn besonders fluffig macht: Sprudelwasser!

Zubereitungsart
Herd

Kochutensilien
Pfanne

Zubereitungszeit
25 Minuten

Menge
4 Portionen

Zutaten

125 g Mehl
100 ml Milch
25 ml Sprudelwasser
4 Eier
60 g Zucker
1 pk Bourbon-Vanillezucker
2 EL Butter
Prise Salz
Puderzucker

Zubereitung

1. Trenne die Eier und schlage das Eiweiß mit einem Schneebesen steif. Stelle es anschließend zur Seite.
2. Schlage anschließend die Eigelbe gemeinsam mit dem Zucker, dem Vanillezucker und der Prise Salz zu einer cremigen Konsistenz.
3. Rühre nun das Mehl und die Milch nach und nach unter und gib zum Schluss das Sprudelwasser hinzu.
4. Hebe anschließend den Eischnee vorsichtig unter.
5. Erhitze die Butter auf mittlerer Stufe in der Pfanne und gib den kompletten Teig hinein. Backe diesen circa 5 Minuten, bis er goldbraun ist.
6. Nun viertelst du den Kaiserschmarrn mit einem Pfannenwender und wendest ihn. Jetzt backst du ihn auf der anderen Seite ebenfalls goldbraun.
7. Sobald dieser fertig gebacken ist, zerreißt du ihn in mundgerechte Stücke und lässt diese noch kurz weiterbraten.
8. Serviere den Kaiserschmarrn entweder noch heiß in der Pfanne oder auf einem Teller und bestreue ihn ordentlich mit Puderzucker. Dazu reichst du, was dir am besten schmeckt: Apfelmus, Zwetschgenkompott, heiße Kirschen oder Vanillesoße.

Nicht alles auf einmal
Wenn du keine große Pfanne in deinem Camper hast, solltest du die Zubereitung portionsweise durchführen.

French Toast Sticks mit Apfelmus und Zimt

Auch wenn es “French” heißt, ist dieses Rezept sehr amerikanisch. Denn aus dem klassischen French Toast zaubern wir praktische Fingerfood-Sticks, hüllen sie in Zucker und Zimt und naschen sie mit Apfelmus! Dabei erinnern sie ein wenig an spanische Churros, sind aber wesentlich einfacher herzustellen. Wetten, dass du dieses Rezept in den nächsten Wochen öfters machen wirst?

Zubereitungsart
Herd

Kochutensilien
Pfanne

Zubereitungszeit
5 Minuten

Menge
2 Portionen

Zutaten

4 Scheiben (altes) Toastbrot

100 g Apfelmus

100 ml Milch

2 Eier

3 EL Butter

4 EL Zucker

2 TL Zimt

1 TL Salz

Zubereitung

1. Entferne die Rinde vom Toast und schneide das Brot in ca. 2 cm breite Sticks.
2. Verquirle die Eier mit der Milch und dem Salz.
3. Erhitze die Butter bei mittlerer Hitze in einer Pfanne, tunke die Sticks kurz vollständig in den Ei-Milch-Mix und brate sie jeweils von allen Seiten gleichmäßig goldbraun.
4. Vermenge Zucker und Zimt miteinander und wende die fertigen Sticks darin. Genieße die French Toast Sticks warm mit Apfelmus – oh so yummy!

French Toast zum Frühstück

Probier unser klassisches French Toast auf S. 34 – oder wie wäre es mit einem explodierten French Toast mit Blaubeeren auf S. 32?

Milchreis

Milchreis kannst du zwar fertig kaufen, aber selbstgemacht schmeckt er viel besser und ist günstiger. Zudem bekommst du die Zutaten in jedem Supermarkt und kannst sie gut für andere Rezepte verwenden. Alles, was du brauchst, ist Rundkornreis, Milch, Zucker, Zimt und Vanille. Je nach Vorliebe toppst du deinen Milchreis mit Zimt und Zucker, heißen Kirschen oder Apfelmus.

Zubereitungsart	Kochutensilien	Zubereitungszeit	Menge
Herd	Topf	45 Minuten	4 Portionen

Zutaten

1 l Milch
250 g Rundkornreis
5 EL Zucker
2 TL Zimt
1 TL Vanilleextrakt
1 Prise Salz

Zubereitung

1. Gib die Milch gemeinsam mit 1 EL Zucker, Vanille und Salz in einen Topf und lasse sie kurz aufkochen.
2. Füge nun den Reis hinzu, und lasse diesen ebenfalls einmal kurz aufkochen.
3. Nun lässt du den Milchreis bei kleinster Flamme für ca. 45 Minuten quellen, bis die Konsistenz so ist, wie du es gerne magst. Rühre zwischendurch immer mal wieder um, um sicher zu stellen, dass der Reis nicht am Boden anbrennt.
4. Sobald der Reis fertig ist, genießt du ihn am besten warm. Fürs Topping mischst du 4 EL Zucker mit 2 EL Zimt – fertig!

Haltbarkeit

Der Milchreis hält sich für 2–3 Tage im Kühlschrank, und solltest du ihn am liebsten warm essen, kannst du ihn mit einem Schuss Milch wieder im Topf erwärmen.

Heiße Schokolade mit Mini-Marshmallows

Macht sich gerade auch ein wohlig-warmes Gefühl in dir breit? Heiße Schokolade ist das perfekte Heißgetränk, um es sich gemütlich zu machen – ob zu Hause, im Camper oder vorm Lagerfeuer. Alles, was du brauchst, ist Milch, Kakao und Schokolade. Je nach Vorlieben würzt du sie mit etwas Zimt oder Vanille, und garnierst sie mit Marshmallows, Sahne, Schokoladen- oder Karamellsoße.

Zubereitungsart	**Kochutensilien**	**Zubereitungszeit**	**Menge**
Herd & Feuer	Topf	5 Minuten	2 Tassen

Zutaten

300 ml Milch

100 g Zartbitter-schokolade

25 g ungesüßtes Kakaopulver

1–2 TL Puderzucker (nach Geschmack)

1 Prise Zimt (oder 1 Msp. Vanilleextrakt)

Mini-Marshmallows

Topping-Ideen

Sahne

Schokosoße

Karamellsoße

Zubereitung

1. Gieße die Milch in einen Topf und lasse sie einmal kurz aufkochen. Anschließend nimmst du sie vom Herd.

2. Hacke in der Zwischenzeit die Schokolade.

3. Füge den Kakao sowie nach Geschmack Zimt und Puderzucker zur Milch, und rühre alles um. Statt Zimt, kannst du auch Vanille verwenden.

4. Gib nun die gehackte Schokolade hinzu und lasse sie unter Rühren schmelzen.

5. Verteile die heiße Schokolade auf 2 Tassen und garniere sie jeweils mit Mini-Marshmallows.

6. Wenn du magst, kannst du auch noch eine Haube Schlag- oder Sprühsahne auf deine heiße Schokolade setzen oder diese gar mit extra Schokoladen- oder Karamellsoße verzieren – Foodgasm pur!

Glühwein

Echte Camper sind nicht nur zwischen April und Oktober unterwegs, sondern das ganze Jahr – deshalb darf Glühwein nicht fehlen! Während auf vielen Weihnachtsmärkten billiger Fertig-Glühwein aufgewärmt wird, zeigen wir dir, wie du mit wenigen Zutaten einen leckeren Glühwein selbst herstellst. Dafür kannst du roten sowie weißen Wein verwenden, wichtig ist die Qualität des Weines.

Zubereitungsart	Kochutensilien	Zubereitungszeit	Menge
Herd & Feuer	Topf/Dutch Oven	10 Minuten	4 Tassen

Zutaten

1 Flasche guter Rot- oder Weißwein

1 Orange

2 Zimtstangen

4 Nelken

2 Sternanis

2 EL Rohrzucker

2 EL Honig

Zubereitung

1. Schneide die Orange in Scheiben und gib anschließend alle Zutaten in einen Topf. Lass den Glühwein nun heiß werden, aber nicht kochen, da sonst der Alkohol verdampft.

2. Ein richtig guter Glühwein sollte 1–2 Stunden ruhen, damit die Gewürze richtig ziehen können. Wenn du ungeduldig bist, kannst du schon mal eine Tasse von deinem Glühwein probieren.

3. Sobald der Glühwein ausreichend ziehen konnte und komplett abgekühlt ist, erwärmst du ihn wieder. Nun kannst du ihn in eine Thermoskanne füllen und so schön lange warm halten.

Whisky Chai Tee

Pimp my tea! Wie wäre es mit einem selbstgemachten Chai Tea samt einem Schuss Whisky? Zugegeben: Die benötigten Gewürze sind nicht unbedingt Teil der Standardausstattung im Camper. Aber wenn du gerne Tee trinkst, lohnt es sich diese zu besorgen. Schließlich kannst du den Chai Tee auch jederzeit ohne Alkohol genießen. Alternativ besorgst du dir fertigen Chai Tee im Supermarkt.

Zubereitungsart
Herd & Feuer

Kochutensilien
Topf/Dutch Oven

Zubereitungszeit
15 Minuten

Menge
4 Tassen

Zutaten

1 L Milch

2 Zimtstangen

8 Nelken

8 Kardamomkapseln

¼ TL Pfefferkörner

Stück Ingwer (ca. 2,5 cm)

4 Beutel Schwarztee (z.B. Darjeeling)

100 ml Whisky (z.B. Bourbon)

Optional

Zitrone

Honig

Zucker

Zubereitung

1. Bringe die Milch in einem Topf zum Kochen und nimm sie anschließend vom Herd.

2. Schäle in der Zwischenzeit den Ingwer und schneide ihn in Scheiben. Zerquetsche die Zimtstangen und die Kardamomkapseln.

3. Füge nun alle Gewürze sowie die Teebeutel zur Milch und lasse sie für 8–10 Minuten ziehen. Gieße die Milch durch ein Sieb, sodass alle Gewürze und die Teebeutel aufgefangen werden. Schütte die Milch wieder zurück in den Topf und erwärme sie erneut bei niedriger Hitze für 2–3 Minuten.

4. Füge nun den Whisky hinzu und mische alles gut. Wenn du es gerne süß magst, kannst du etwas Honig oder Zucker hinzugeben, während eine Zitronenscheibe dem Tee nochmals einen geschmacklichen Frischekick verpasst.

Talisker Whisky mit Apfelsaft

Echte Whisky-Kenner schütteln beim Lesen sehr wahrscheinlich empört den Kopf, doch glaube uns, dieser Drink überzeugt sowohl Liebhaber als auch solche, die sonst keinen Whisky trinken. Wir verwenden am liebsten den 10-jährigen Single Malt Scotch Whisky von Talisker. Daneben benötigst du noch einen naturtrüben Apfelsaft von guter Qualität und Eiswürfel – that's it!

Zubereitungsart	Kochutensilien	Zubereitungszeit	Menge
-	-	2 Minuten	1 Tassen

Zutaten

4 cl Talisker Whisky

250 ml Apfelsaft

2–3 Eiswürfel

Zubereitung

1. Fülle ein Glas, eine Tasse oder einen Becher zu ⅓ mit Eiswürfeln. Am besten nimmst du hierfür 1–3 dicke Eiswürfel, die nicht so schnell schmelzen und den Drink nicht verwässern.
2. Gieße nun 4 cl Whisky über die Eiswürfel und fülle den Becher anschließend bis zum Rand mit Apfelsaft – und jetzt genießen!

Zur Orientierung

Unsere Gläser haben ein Füllvolumen von ca. 300 ml.

Cold Brew Tonic

Kalter Kaffee? Oh, ja! Selbst wenn du kein Kaffee-Fan bist, solltest du diesen Drink probieren. Im Unterschied zu heiß gebrühtem Kaffee schmeckt Cold Brew Coffee milder, da er bis zu 70 Prozent weniger Bitterstoffe und Säure besitzt. Wichtig ist aber, dass du frisch-gemahlene Bohnen verwendest – denn: Kaffee verliert nur 15 Minuten nachdem er gemahlen wurde 60 Prozent seines Aromas.

Zubereitungsart
-

Kochutensilien
Kaffeemühle & -filter

Zubereitungszeit
5 Minuten

Menge
4 Tassen

Zutaten

200 g frisch gemahlener Kaffee

1 l Wasser

400 ml Tonic

1 Orange/Zitrone

Optional

Eiswürfel

Zubereitung

1. Mahle die Kaffeebohnen grob und mische sie mit kaltem Wasser in einem Gefäß. Das Gefäß solltest du nun für mindestens 12 Stunden in den Kühlschrank stellen. Schließe es mit einem Deckel oder Wachstuch.

2. Gieße den extrahierten Kaffee nach der Ziehzeit durch einen (Kaffee-)Filter oder ein sehr feines Sieb. Der Kaffee ist nun problemlos mehrere Tage im Kühlschrank haltbar. Du kannst ihn pur trinken (Achtung: stark!) oder als Basis für ein Mixgetränk wie den Cold Brew Tonic nutzen.

3. Mische für einen Drink 250 ml Cold Brew Coffee mit 100 ml Tonic, einem Spritzer Orangensaft sowie etwas Orangenschale. Alternativ kannst du, je nach Kaffeesorte und Geschmack, statt der Orange eine Zitrone verwenden. Wenn möglich, füge noch 1–2 Eiswürfel hinzu.

Probier dich aus!
Umso länger Cold Brew Coffee zieht, umso stärker wird er. Vermutlich braucht es ein paar Versuche, bis du das richtige Verhältnis von Kaffeemenge und Ziehzeit für deinen Geschmack gefunden hast.

Iced Hipstea

Dieser Drink schmeckt nach Sommer, Sonne und guter Laune! Entdeckt haben wir ihn auf dem Neighbourgoods Market in Kapstadt, kurz bevor wir unseren Roadtrip entlang der Garden Route angetreten sind. Die Zutaten für diesen erfrischenden Durstlöscher aus Apfelsaft, Limette, Minze und Vanille findest du nahezu überall, das Gefühl des südafrikanischen Sommers ist jedoch einmalig!

Zubereitungsart	Kochutensilien	Zubereitungszeit	Menge
-	Karaffe/Trinkflasche	5 Minuten	4 Tassen

Zutaten

1 Flasche klarer Apfelsaft

1 Limette

1 Zitrone

1 Tls Vanilleextrakt

Honig

Minze

Optional

Eiswürfel

Zubereitung

1. Presse den Saft der Limette in ein hohes Gefäß und kippe den Apfelsaft hinzu.
2. Füge nun eine Teelöffelspitze Vanilleextrakt hinzu und verteile es gut im Saft. Alternativ kannst du auch das Innere einer Vanilleschote auskratzen.
3. Füge nun nach Geschmack Honig hinzu und verrühre diesen ebenfalls gut im Saft. Wir verwenden in der Regel ½–1 EL Honig, wobei letzteres bereits gut süß ist.
4. Zum Schluss gibst du noch ein paar Scheiben Zitrone, frische Minze und, wenn möglich, Eiswürfel rein – fertig ist der südafrikanische Sommer im Glas!

Register

Weitere Bücher in unserem Verlag

Vielen Dank für den Kauf unseres Buches – als kleiner Selbstverlag freuen wir uns über jede Unterstützung. Schau dir auch gerne unsere anderen Bücher an und hol dir so noch mehr Inspiration und Tipps für dein nächstes Abenteuer, ob im Camper, zu Fuß, paddelnd oder im Sattel.

Die coolsten Mikroabenteuer Deutschlands –

Über 100 Ideen für unvergessliche Erlebnisse fern vom Alltag

Europa für Abenteurer –

150 Ideen und Orte für unvergessliche Erlebnisse

Abenteuer Weltreise –

Der umfangreiche Guide zur Planung und Durchführung deiner Weltreise

Impressum

© 2022 NYA Company GmbH
Im Mediapark 5
50670 Köln
Deutschland

Erstauflage (Juni 2022)
Autoren: Sebastian Canaves, Line Dubois
Gestaltung, Illustrationen: Jana Meier
Lektorat, Korrektorat: Ina Bohse, Line Dubois

Druck und Bindung:
Akontext s.r.o.
Zárybničná 2048/7
141 00 Praha 4
Gedruckt in der EU

Print: 978-3-9820105-1-9

Bibliografische Information der Deutschen Nationalbibliothek: Die Deutsche Nationalbibliothek verzeichnet diese Publikation in der Deutschen Nationalbibliografie; detaillierte bibliografische Daten sind im Internet über https://portal.dnb.de/ abrufbar.

Hinweis: Wir werden für die ausgesprochenen Empfehlungen von Produkten und Marken nicht von den Unternehmen bezahlt. Wir geben lediglich unsere Erfahrungen und Meinungen wieder. Alle Angaben ohne Gewähr.

Der Umwelt zuliebe werden unsere Bücher nicht zusätzlich mit Plastikfolie eingeschweißt. Dadurch kann es beim Transport zu leichten Gebrauchsspuren kommen – wir bitten um dein Verständnis.
